财经知识读本

大话股票

胡冬鸣　田春丽　编著

中国财政经济出版社

图书在版编目（CIP）数据

大话股票 / 胡冬鸣，田春丽编著．—北京：中国财政经济出版社，2015.8

（财经知识读本）

ISBN 978-7-5095-6304-5

Ⅰ．①大…　Ⅱ．①胡…　②田…　Ⅲ．①股票投资-基本知识
Ⅳ．①F830.91

中国版本图书馆 CIP 数据核字（2015）第 161303 号

责任编辑：李　冰　　　责任校对：刘　靖
封面设计：汪俊宇　　　版式设计：董升萍
插　　图：周　荥

中国财政经济出版社 出版

URL：http：//www.cfeph.cn

E-mail：cfeph@cfeph.cn

社址：北京市海淀区阜成路甲 28 号　邮政编码：100142

营销中心电话：88190406　北京财经书店电话：64033436　84041336

北京中兴印刷有限公司印刷　各地新华书店经销

880×1230 毫米　32 开　8.75 印张　137 000 字

2015 年 8 月第 1 版　2015 年 8 月北京第 1 次印刷

定价：28.00 元

ISBN 978-7-5095-6304-5/F·5081

（图书出现印装问题，本社负责调换）

本社质量投诉电话：010-88190744

打击盗版举报热线：010-88190492，QQ：634579818

财经知识读本编写委员会

策　　划：李　冰　胡冬鸣　刘　畅

编写人员：胡冬鸣　田春丽　王　静

写在前面的话

记得七年前到英国学习时，感到英国的同事与学生中很少像中国那样有大量的股民存在，后来闲谈中才知道，英国人有了闲钱才去股市投资。中国目前是世界上投资群体规模最大的国家，自然也是股民最多的国家。随着2015年春季股市的持续升温，又有大量的新股民加入到炒股的庞大军团之中。其实用新股民和老股民、职业股民和业余股民这种称谓并不科学，而且许多有炒股见解的人由于种种原因也并没有身在股市中。好在现在进入股市的条件已经非常简单了，随时进入股市都可以热炒一番。但在大量接触中感觉不少股民朋友还是缺少相关股票知识的系统学习，且还有不少股民始终坚持理论无用的观点。现实中总是这样的现象不断重复着，缺乏积极探索股票交易知识、揣摩股票交易规则的投资者，总会在茫茫的股海中依靠不断的错误感觉去调整着行进的路线，因而船只总爱在原地打转或者撞在暗礁上。静下心来，仔细研读一下股票相关原理、认真体会前人的真知和老股民的心得，其实会迅速提升您的炒股智慧，至少是让您减少一些不应再犯的错误。当然，炒股这事同样适用“在游泳中学习游泳”的学习规则。这本小册子的文字非常通俗易懂，并且更多的是介绍许多股民的炒股“经验”与“心得”。相信会给大家带来一定的帮助与实惠。但需要说明的是，写这样一本小册子还是有许多压力的。炒股的“秘诀”所有股民都能说上一番，作者其实并没有多少优势可言，但毕竟有长期从事教学与培训的经历，写什么和怎样写是两位作者最擅长的。同时，长期的炒股经历会让两位作者更加了解股民看书的需求。当然还要说上两句，股市交易中拿主意的是您自己，投资失败是您自己的事。这本小册子的责任只是向大家提供一些比较具体的建议而已。

作者写于融科香雪兰溪

2015 年 6 月

目　　录

1. 剥去洋葱的外衣　1
2. 证券交易所是干什么的　10
3. 发行市场和交易市场　18
4. 股票有价智慧无价　25
5. 选择服务好的证券公司　33
6. 进入股市要做心理测试　40
7. 股份有限公司和上市公司谁更正宗　47
8. 股票板块如同不同类型的美女　55
9. 股市的几次灾难　62
10. 股票价格的颜色　70
11. 众说纷纭的股票交易指数　79
12. 巴菲特只是个历史人物　89
13. 找到迷宫的入口　94
14. 别让冲动毁了您的智慧　100

15. 蓝筹股与绩优股 107
16. 不要把鸡蛋都放在一个篮子中 115
17. 大话割肉 122
18. 扫雷游戏 131
19. 看年报就像医生看 X 光片 141
20. 国外的标准到中国不灵 153
21. 换 手 率 162
22. 大话捉“黑马” 173
23. 洞悉成交量“跟庄” 180
24. 寻找“稳赚”图形 187
25. 分析平均线系统 196
26. 寻找炒作题材 203
27. 构思选股准则 210
28. 炒 新 股 217
29. 掌握主力动向 227
30. 佣金和税款的计算 235
31. 炒股词汇 239
32. 沪港通给谁带来了机遇 245
33. 学一点理论 250
34. 分析股票走势 265

1.
剥去洋葱的外衣

众所周知，股票是股份有限公司发行的所有权凭证，是股份有限公司为了筹集资金而发行给各个股东作为持股凭证并借以取得股息和红利的一种有价证券。每股股票都代表股东对企业拥有一个基本单位的所有权。每支股票背后都有一家股份有限公司。同时，每家股份有限公司都会发行股票。发行股票的股份有限公司如果其所发行的股票能够在二级市场进行自由交易的话，则该股份有限公司还被称作“上市公司”。

应该讲，股票产生时主要作用是代表公司签发的证明股东所持股份的凭证，且过去确实有一张“纸”作为股票样式。现在上海证券交易所（沪市）和深圳证券交易所（深市）股票买卖实行无纸化交易程序，以方便投资者进行电子交易。所以

您已经看不到这张所谓的“纸”了。也许您会问：那我的股票在哪里保管？这还要敬请您放下心来，您的股票已经由上海证券交易所或深圳证券交易所代您委托保管，简称“托管”。

同一类别的每一份股票所代表的公司所有权是相等的。电子化交易条件下每股股票的面值都是 1 元。每个股东所拥有的公司所有权份额的大小，取决于其持有的股票数量占公司总股本的比重。

股票是股份公司资本的构成部分，可以转让、买卖或作价抵押，是资本市场的主要长期信用工具，但不能要求公司返还其出资。即买到股东手里的股票是不能退给股份有限公司的，但可以转让给其他投资者。

1984 年 7 月，北京天桥股份有限公司和上海飞乐音响股份有限公司经中国人民银行批准向社会

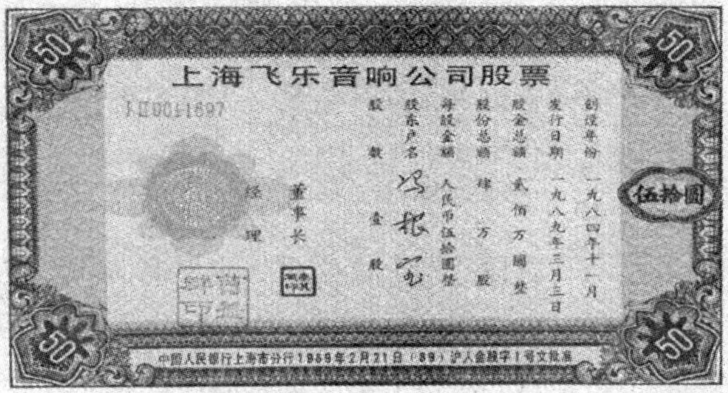

公开发行股票。1986 年 9 月 26 日，中国第一个证券交易柜台“静安证券业务部”的开张，标志着新中国从此有了股票交易的历史。新中国第一股“上海飞乐音响公司”在南京西路 1806 号静安证券业务部正式挂牌买卖，当天上市的 100 股股票不到一个半小时即被抢购一空。1986 年 11 月 14 日，邓小平会见纽约证交所董事长约翰·范尔霖，并向其赠送了飞乐音响股票。1990 年，我国 A 股股票仅有 10 只。而至 1997 年底，A 股股票增加到 720 只，A 股总股本为 1646 亿股，总市值 17529 亿元人民币，与国内生产总值的比率为 22.7%。1997 年 A 股年成交量为 4471 亿股，年成交金额为 30295 亿元人民币，我国 A 股股票市场在 1997 年已经初具规模。而进入 2014 年，A 股市场市值总规模达到 37.11 万亿元。以市值规模计算，我国 A

股市场已超过日本，成为仅次于美国的全球第二大证券市场。与此同时，2014 年我国 GDP 为 63.65 万亿元，以 37.11 万亿元的 A 股股票市值计算，我国证券化率达到 58.3%，而 2013 年的证券化率仅为 40.1%。

现阶段我国上市公司的股票有 A 股、B 股、H 股、S 股和 N 股的区分。这一区分主要依据股票的上市地点和所面对的投资者而定。其中：

A 股，也称作“人民币普通股票”，或称作“流通股”、“社会公众股”、“普通股”，是指那些在中国大陆注册、在中国大陆上市的普通股票，以人民币认购和交易。A 股不是实物股票，以无纸化电子记账，实行“T + 1”交割制度，有涨跌幅（10%）限制，参与投资者为中国大陆机构或个人。其标注方式如：方大集团（000055）。其中前面是股票名称，后面括号内的数字是股票代码。

B 股，也称作“人民币特种股票”。是指在中国大陆注册、在中国大陆上市的特种股票，以人民币标明面值，但只能以外币认购和交易。B 股不是实物股票，依靠无纸化电子记账，实行“T + 3”交割制度，有涨跌幅（10%）限制，参与投资者为中国香港、中国澳门、中国台湾地区居民和境外投资人，持有合法外汇存款的大陆居民也可投资。

其标注方式如：山航 B（200152）。其中前面是股票名称，后面括号内的数字是股票代码。

H 股，也称为国企股，是指注册地在内地、上市地在中国香港的外资股。H 股为实物股票，实行“T+0”交割制度，无涨跌幅限制。中国地区机构投资者可以投资于 H 股，大陆地区个人目前尚不能直接投资于 H 股。在天津，个人投资者可以在中国银行各银行网点开办“港股直通车”业务而间接投资于 H 股。但是，国际资本投资者可以投资 H 股。

自 1993 年 7 月青岛啤酒成为第一家国营企业获准在香港上市至今，已经过了 20 多年的光景。在这 20 多年间，陆续已有超过 160 家国企在香港主板市场和创业板市场上市，如上海石化、镇海化工、庆铃汽车、北京大唐电力、南方航空等，总集资额达 11.5 万亿港元。虽然说筹集资金是一间公司上市的主要目的，但自 20 多年前内地开始批准国企在香港发行 H 股起，其最看重的是希望该批国企能尽快与国际市场接轨，经历国际市场竞争的磨练，最终将国营企业推向国际化。而事实上，经过 20 多年的磨练，H 股上市国有企业的管理、会计水平及透明度已有大幅度的改善，离世界级标准已经不远。国企股具有很大的投资价值。某些国企股会同时在两地发行A、H两种流通股份，但由于两地资金的流通量不同，同一只股份，H股的股价一般均要较A股的股价低数倍之多，因此，两地股市的整体本益比（PE）是有相当大的差距的。对比内地A股动辄五六十倍的本益比，香港国企股的本益比只有10倍左右，其投资价值自然不言而喻。

S股，是指那些主要生产或者经营等核心业务在中国大陆、而企业的注册地在新加坡或者其他国家和地区，但是在新加坡交易所上市挂牌的企业股票。新加坡交易所（Singapore Exchange，SGX）是亚太地区首家集证券及金融衍生产品交易于一体的企业股份制化交易所。2000年11月23日成为亚太地区首家通过公开募股和私募配售方式上市的交易所。新交所股票是摩根士丹利新加坡自由指数（MSCI Singapore Free Index）、新加坡海峡时报指数（STI）等基准指数的组成部分。

需要说明的是，若在股名前加S，则这种S股是指在我国尚未进行股权分置改革或者已进入改革程序但尚未实施股权分置改革方案的股票，此标记从2006年10月9日起启用，日涨跌幅原来规定上下浮动10%（ST股为5%）。但从2007年1月8日起，日涨跌幅调整为上下浮动5%。其中，ST股票表示该公司财务状况出现了恶化，如公司净资产低于股票面值、或者连续几年出现经营性亏损，由证交所强制进行或上市公司自己申请，该股票交易进行特别处理，所以冠以“ST”。而 * ST 是指由证券交易所对存在股票终止上市风险的公司股票交易实行“警示存在终止上市风险的特别处理”，是在原有“特别处理”基础上增加的一种类别的特别处理，其主要措施为在其股票简称前冠以“ * ST”字样，以区别于其他股票，在交易方面，被实施退市风险警示处理的股票。目前，ST 和 * ST 其报价的日涨跌幅限制为 5%。* ST 预示着公司经营连续三年亏损，并给予退市预警。ST 预示着公司经营连续二年亏损，并进入特别处理。S * ST 预示着公司经营连续三年亏损，并给予退市预警和还没有完成股改的情形。SST 预示着公司经营连续二年亏损，且特别处理和还没有完成股改的情形。S 则预示着还没有完成股改的情形。

N 股，是指那些在中国大陆注册、在纽约上市的外资股票，取纽约字首的第一个字母 N 作为名称。纽约证券交易所（New York Stock Exchange，NYSE）目前是全球上市公司总市值第一，IPO 数量及市值第一，交易量第二的著名证券交易所。2005 年 4 月末，NYSE 收购全电子证券交易所

(Archipelago)，并开始成为一个盈利性机构。纽约证券交易所的总部位于美国纽约州纽约市百老汇大街18号，在华尔街的拐角南侧。2006年6月1日，纽约证券交易所宣布与泛欧证券交易所合并组成纽约证交所—泛欧证交所公司（NYSE Euronext）。但投资者要注意，在我国目前股市交易中，当股票名称前出现了N字，则表示这只股是当日新上市的股票，字母N是英语New的缩写。看到带有N字头的股票时，投资者除了知道它是新股，还应认识到这只股票的股价当日在市场上是不受涨跌幅限制的，涨幅可以高于10%，跌幅也可低于10%。这对于新投资者来讲，容易获得更多的投资机会。如N北化、N建行、N石油等。实践证明，在新股上市以前，股指偏低，那么大行情就可能通过新股来酝酿；在新股上市以前，股指偏高且新股联动板块已有超前反应，那么大盘反而会受新股的高开而拖累。股市的大格局脱离不了社会的大背景，把新股的上市和国家利益联系起来，就能够以平常心在操作中进退自如。

2.
证券交易所是干什么的

证券交易所是依据国家有关法律，经政府证券主管机关批准设立的集中进行证券交易的有形场所。中国目前有四个规模较大的证券交易所：上海证券交易所、深圳证券交易所、香港交易所和台湾证券交易所。

上海证券交易所成立于1990年11月26日，同年12月19日开业，为不以盈利为目的的法人，归属中国证监会直接管理。秉承“法制、监管、自律、规范”的八字方针，其主要职能包括：提供证券交易的场所和设施；制定证券交易所的业务规则；接受上市申请，安排证券上市；组织、监督证券交易；对会员、上市公司进行监管；管理和公布市场信息。上海证券交易所于1990年12月19日在上海黄浦路15号浦江饭店成立。1993年1月27日在上海浦东新区奠基建造上海证券大厦；上海证券大厦竣工后，上海证券交易所搬迁至新址浦东南路528号的上海证券大厦内营运。1.3亿名全国各地的投资者，从遍布祖国五湖四海的证券营业部下单，通过网络汇总于这座大楼交易中心撮合成交。上海证券交易所是国际证监会组织、亚洲暨大洋洲交易所联合会、世界交易所联合会的成员。经过多年的持续发展，上海证券市场已成为中国内地首屈一指的市场，上市公司数、上市股票数、市价总值、流通市值、证券成交总额、股票成交金额和国债成交金额等各项指标均居首位。截至2014年12月31日，上证所拥有995家上市公司，上市证券数3758个，股票市价总值243974.02亿元。上市公司累计筹资达25万亿元；一大批国民经济支柱企业、重点企业、基础行业企业和高新科技企业通过上市，既筹集了发展资金，又转换了经营机制。

深圳证券交易所位于深圳罗湖区地王大厦斜对面。成立于1990年12月1日，于1991年7月3日正式营业，是为证券集中交易提供场所和设施，组织和监督证券交易，实行自律管理的法人，由中国证监会直接监督管理。深交所致力于多层次证券市场的建设，努力创造公开、公平、公正的市场环境。主要职能包括：提供证券交易的场所和设施；制定本所业务规则；接受上市申请、安排证券上市；组织、监督证券交易；对会员和上市公司进行监管；管理和公布市场信息；中国证监会许可的其他职能。2004年9月6日，实施《上市公司股权分置改革业务操作指引》。作为中国大陆两大证券交易所之一，深交所与中国证券市场共同成长。16年来，深交所借助现代技术条件，成功地在一个新兴城市建成了辐射全国的证券市场。15年间，深交所累计为国民经济筹资4000多亿元，对建立现代企业制度、推动经济结构调整、优化资源配置、传播市场经济知识，起到了十分重要的促进作用。

香港最早的证券交易所可以追溯至1866年。

香港第一家证券交易所香港股票经纪协会于1891年成立，1914年易名为香港证券交易所，1921年，香港又成立了第二家证券交易所、香港证券经纪人协会，1947年，这两家交易所合并为香港证券交易所有限公司。到20世纪60年代后期，香港原有的一家交易所已满足不了股票市场繁荣和发展的需要，1969年以后相继成立了远东、金银、九龙三家证券交易所，香港证券市场进入四家交易所并存的所谓“四会时代”。1973～1974年的香港股市暴跌，充分暴露了香港证券市场四会并存局面所引致的各种弊端。1986年3月27日，四家交易所正式合并组成香港联合交易所。4月2日，香港联合交易所开业，并开始享有在香港建立、经营和维护证券市场的专营权。2000年3月6日，香港交易及结算所有限公司成立，全资拥有香港联合交易所有限公司、香港期货交易所有限公司和香港中央结算有限公司三家附属公司。主要业务是拥有及经营香港唯一的股票交易所与期货交易所，以及其有关的结算所。

与证券公司等证券经营机构不同，证券交易所本身并不从事证券买卖业务，而是为证券交易提供场所、设施和各项服务，组织证券交易，并履行对证券交易的一线监管职能。

证券交易所和证券公司是两个不同的概念，不可混淆。证券交易所是有组织的有价证券交易市场，属于非盈利的事业法人，接受国家证券主管机关证券委员会及证监会的领导、管理和监督。证券交易所的业务主要是提供证券集中交易的场所和设施。在主管机关批准的范围内管理证券商和上市公司，提供证券市场的信息服务等。证券交易所本身并不参与证券交易，不能决定证券价格。证券交易所主要有两种组织形式：公司制和会员制。我国深圳、上海证券交易所采用会员制组织形式。由于证券交易是由会员组成，它只给会员提供交易场所，因此普通自然人和法人不能直接到证券交易所进行买卖交易，所有证券交易都必须通过证券商来进行，而证券公司便是这样的证券商。成为交易所会员的证券公司可以进入交易市场参与交易。从证券商的功能分，证券商可分为证券经纪商、证券自营商和证券承销商。证券经纪商是代理客户买卖有价证券的证券机构，是中介者，以赚取佣金为目的，它是每一个证券投资人都必须打资产的证券机构。证券自营商是自行买卖证券的证券机构，它以自己的名义、账户在交易市场买卖证券。证券承销商是以包销或代销的方式发售证券的机构。在我国证券商可以兼营三种业务。

对于广大的投资者来说，主要是与证券公司有直接联系。如果需要买卖股票，可到证券公司办理委托，证券商的业务员在受理委托后，便会立即通知在证券交易所内的驻场交易员，驻场交易员接到委托通知，按一定方式在场内依照委托要求进行公开申报，完成交易。证券交易所在证券市场活动中扮演的角色极具特殊性：它既是一个集中交易场所，又是由众多证券从业机构组成的市场中介组织；它既是市场运营组织，又是市场监管机构；既是具体监管上市企业、证券公司和市场交易行为的一线监管机构，又是受政府管理机构监管的主要对象。这种特殊性使得证券交易所同时具备监管者和被监管者的双重性质和职能，居于承上启下的市场中枢地位。

作为被监管对象的证券交易所，其法律地位主要体现在两个方面：一是交易所的设立要受到监管，证券交易所的设立和解散，由国务院决定；二是交易所的自律管理活动要受到监督，尤其是交易所需要“依照证券法律、行政法规制定上市规则、交易规则、会员管理规则和其他有关规则，并报国务院证券监督管理机构批准”。作为市场监管者的交易所，其法律地位主要体现为自律性管理组织。《证券法》第一百零二条规定：证券交易所是为证券集中交易提供场所和设施，组织和监督证券交易，实行自律管理的法人。确立交易所自律管理地位，既是国际范围内证券市场监管基本经验的法律借鉴，也是完善我国证券市场监管体制，促进其可持续发展实践需求的法律回应。

证券交易所具有以下功能：第一，提供证券交易的场所、设施和服务。由于这一市场的存在，证券买卖双方有集中的交易场所，可以随时把所持有的证券转移变现，保证证券流通的持续不断进行。第二，形成与公告价格。在交易所内完成的证券交易形成了各种证券的价格。由于证券的买卖是集中、公开进行的，采用双边竞价的方式达成交易，其价格在理论水平上是近似公平与合理的，将这种价格及时向社会公告，并被作为各种相关经济活动的重要依据。第三，集中各类社会资金参与投资。随着交易所上市股票的日趋增多，成交数量日益增大，可以将极为广泛的资金吸引到股票投资上来，为企业发展提供所需资金。第四，引导投资的合理流向。证券交易所为资金的自由流动提供了方便，并通过每天公布的行情和上市公司信息，反映证券发行公司的获利能力与发展情况，使社会资金向最需要和最有利的方向流动。第五，制定证券交易的业务规则。第六，接受上市申请，安排证券上市，决定证券暂停上市、恢复上市、终止上市和终止上市后再次上市。第七，对会员进行自律管理。第八，对上市公司及其他信息披露义务人进行监督。第九，管理、公布市场信息。第十，中国证监会核定的其他职能。

3. 发行市场和交易市场

在我国目前的证券市场中，有两个层次的划分结果：一是证券发行市场，二是证券交易市场。证券发行市场是发行证券，是证券发行者为扩充经营，按照一定的法律规定和发行程序，向投资者出售新证券所形成的市场。又称“一级市场、初级市场”，与二级证券市场不同。在发行过程中，证券发行市场作为一个抽象的市场，其买卖成交活动并不局限于一个固定的场所内。它其实是一个无形的市场，为资金使用者提供了获得资金的渠道和手段。

证券发行是证券发行人将某种证券首次出售给投资者的行为，属于第一次交易，故其交易在一级市场进行。证券发行市场具有证券创设功能，任何权利凭证若要进入证券市场并实现流通，必须首先

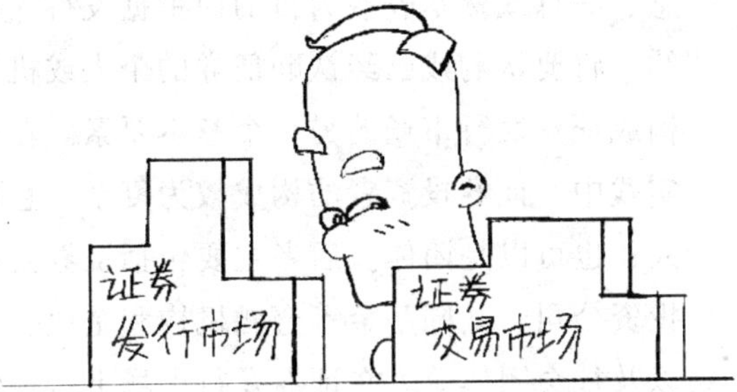

取得合法的证券形式，证券发行是使证券得以转让和流通的前提。证券发行市场上的发行对象，可以是从未发行过证券的发行人创设的证券，也可以是证券发行人在前次发行后增加发行的新证券，还可以是因证券拆细或合并等行为而发行的证券。我国目前最常见的，是企业通过股份制改造并发行新股票，或上市公司为了增加股本，以送股或配股等方式发行的新股票。上述情况都具有创设新证券的性质，属于证券发行活动。证券发行市场主要由以下四种人组成：

(1) 证券发行人。证券发行人又称发行主体，就是为筹措资金而发行股票或债券的企业单位、政府机构、金融机构或其他团体等，也包括在本国发行证券的外国政府和公司。证券发行人是证券发行市场得以存在与发展的首要因素。

(2) 证券认购人。证券认购人就是以取得利息、股息或资本收益为目的而根据发行人的招募要约，将要认购或已经认购证券的个人或机构。它是构成证券发行市场的另一个基本要素。在证券发行实践中，证券投资者的构成较为复杂，它可以是个人，也可以是团体。后者主要包括证券公司、信托投资公司、共同基金等金融机构和企业、事业单位以及社会团体等。在证券发行市场上，投资者人数的多少、购买能力的强弱、资产数量的大小、收益要求的高低，以及承担风险能力的大小等，直接影响和制约着证券发行的消化量。当证券进入认购者或投资者手中，证券发行市场的职能也就实现了。

（3）证券承销商。证券承销商主要就是媒介证券发行人与证券投资者交易的证券中介机构。证券承销商是联结发行人和认购人的桥梁和纽带，接受发行人的委托，通过一定的发行方式和发行渠道，向认购人销售发行人的证券。我国目前从事证券承销业务的机构是经批准有承销资格的证券公司、金融资产管理公司和金融公司。

（4）专业服务机构。专业服务机构包括证券服务性机构和经济鉴证类机构以及其他服务机构。证券服务性机构包括证券登记结算公司和证券信用评级机构等，其主要作用是为发行人和认购人进行股权或债权注册登记和评估发行人信用级别；会计师事务所主要作用是为发行人进行财务状况审计，为认购人提供客观的财务信息；资产评估机构的作用是运用合理的评估方法确定发行人和某些认购人的资产质量；律师事务所的作用是以合法的手段排除发行过程中的法律障碍，并就发行人申请证券发行时所处的法律状态出具法律意见书。

我国目前证券发行的方式主要有公募发行和私募发行两种方式。其中，公募发行又被称作公开发行，是发行人向不特定的社会公众投资者发售证券的发行。在公募发行方式下，任何合法的投资者都可以认购拟发行的证券。采用公募发行的有利之处在于以众多投资者为发行对象，证券发行的数量多，筹集资金的潜力大；投资者范围大，可避免发行的证券过于集中或被少数人操纵；公募发行可增强证券的流动性，有利于提高发行人的社会信誉。但公募发行的发行条件比较严格，发行程序比较复杂，登记核准的时间较长，发行费用较高。公募发行是证券发行中最常见、最基本的发行方式，适合于证券发行数量多、筹资额大、准备申请证券上市的发行人。私募发行又被称作不公开发行或私下发行、内部发行，是指以特定投资者对投资对象的发行。私募发行的对象有两类：一类是公司的老股东或发行人的员工，另一类是投资基金、社会保险基金、保险公司、商业银行等金融机构以及与发行人有密切往来关系的企业等机构投资者。由于私募发行有确定的投资者，因而发行手续简单，可以节省发行时间和发行费用，但毕竟投资者的数量有限，因而其证券流通性较差，不利于提高发行人的社会信誉。

证券交易市场也称作证券流通市场、二级市场或者次级市场。它是指对已经发行的证券进行买卖、转让和流通的市场。在二级市场上销售证券的收入属于出售证券的投资者，而不属于发行该证券的公司。在国外一些发达国家，证券交易市场有场内交易市场和场外交易市场两种形式。其中，场内交易市场指由证券交易所组织的集中交易市场，有固定的交易场所和交易活动时间，在多数国家它还是全国唯一的证券交易场所，因此是全国最重要、最集中的证券交易市场。证券交易所接受和办理符合有关法令规定的证券上市买卖，投资者则通过证券公司在证券交易所进行证券买卖。目前证券交易所不仅是买卖双方公开交易的场所，而且为投资者提供多种服务，交易所随时向投资者提供关于在交易所挂牌上市的证券交易情况，如成交价格和数量等；提供发行证券企业公布的财务情况，供投资者参考。交易所制定各种规则，对参加交易的经纪人和自营商进行严格管理，对证券交易活动进行监督，防止操纵市场、内幕交易、欺诈客户等违法犯罪行为的发生。交易所还要不断完善各种制度和设施，以保证正常交易活动持续、高效地进行。场外交易市场又称柜台交易或店头交易市场，指在交易所外由证券买卖双方当面议价成交的市场，它没有固定的场所，其交易主要利用电话进行，交易的证券以不在交易所上市的证券为主，在某些情况下也对在证券交易所上市的证券进行场外交易。场外交易市场中的证券商兼具证券自营商和代理商的双重身份。作为自营商，他可以把自己持有的证券卖给顾客或者买进顾客的证券，赚取买卖价差；作为代理商，又可以客户代理人的身份向别的自营商买进卖出证券。近年来，国外一些场外交易市场发生很大变化，它们大量采用先进的电子化交易技术，使市场覆盖面更加广阔，市场效率有很大提高。这方面，以美国的纳斯达克市场为典型代表。

证券交易市场对证券发行市场的依赖性，首先是因为证券交易市场以已发行证券为交易对象，证券交易市场的交易对象是已发行在外的证券，而不是尚未发行的证券。在这个意义上，证券发行市场是证券交易市场的前提。其次，我国股票公开发行多数借助证券交易所的交易网络，采取“网上发行方式”，这使得证券发行市场对证券交易市场也存在依赖。证券发行市场与交易市场的关系异常复杂，无论是所发行证券的种类、价格、数量及规模等因素，均在一定程度上受制于证券交易市场情况。我国《证券法》允许证券发行人与证券公司协商定价，导致发行市场价格与交易市场价格的逐渐接轨，两个市场之间的联系变得更加密切。可以说，证券发行市场和交易市场之间是互动作用。

4.

股票有价智慧无价

大家都知道股票在进行交易的过程中是有实际价格的，这些价格包括发行价、开盘价、收盘价、最高价和最低价。

股票发行，一般就是公开向社会募集股本，发行股份，这种价格的高低受市场机制的影响极大，取决于公司的投资价值和供求关系的变化。如果股份有限公司发行的股票，价格超过了票面金额，被称为溢价发行，至于高出票面金额多少，则由发行人与承销的证券公司协商确定，报国务院证券监督管理机构核准，这种决定股票发行价格的体制，就是发挥市场作用，由市场决定价格，但是受证券监管机构的监督。

从股票发行的实践来看，在股票的发行价格中，溢价发行或者等价发行都是允许的，但是不允许以低于股票票面的价格发行，又称折价发行，一方面因为这种发行价格会使公司实有资本少于公司应有的资本，致使公司资本中存在着虚数，不符合公司资本充实原则；另一方面，公司以低于票面金额的价格发行股票，实际上就意味着公司对债权人有负债行为，不利于保护债权人的利益。发行价由承销商和发行人根据市场行情制定。

开盘价又称开市价，是指某种证券在证券交易所每个交易日开市后的第一笔买卖成交价格。收盘价是指某种证券在证券交易所一天交易活动结束前最后一笔交易的成交价格。

最高价也称为高值，是指某种证券当日交易中最高成交价格。最低价也称为低值，是指某种证券当日交易中最低成交价格。

目前国内股票交易时间是从周一到周五期间，每天的上午9点30分开市到11点30分收市；下午13点开市到15点收市。法定的公众假期、春节、五一节、国庆节则需要休市。股票进行交易时可以通过股票代码进行查找。股票代码用阿拉伯数字表示股票的不同含义。沪市A股买卖的代码是以600或601打头，如：首创股份，股票代码是600008。B股买卖的代码是以900打头，如：上柴B股代码是900920。深市A股买卖的代码是以000打头，如：平安银行，股票代码是000001。B股买卖的代码是以200打头，如：南玻B股股票代码是200012。沪市新股申购的代码是以730打头。如：中信证券申购的代码是730030。深市新股申购的代码与深市股票买卖代码一样，如：中信证券在深市市值配售代码是003030。配股代码，沪市以700打头，深市以080打头。如：沪市运盛实业配股代码是700767。深市草原兴发配股代码是080780。中小板股票代码以002打头，如：鸿达兴业代码是002002。

报价单位A股申报价格最小变动单位为0.01元人民币。如：您要买进中电环保，填单的价格为：22.04元，而不能填22.004元。B股沪市申报价格最小变动单位为0.001美元，B股深市申报价格最小变动单位为0.01港元。如：您要卖出轻骑B，填单0.352美元即可。

涨跌停板制度是我国为了有效防止证券市场的价格发生暴涨暴跌现象而采取的临时救助制度。香港证券市场和纽约证券市场目前也开始引入涨跌停板制度并收到了非常好的效果。1996年12月16日起，深沪证券交易所根据需要，规定每日股票买卖市价最高涨幅（或跌幅）为上日收盘价的10%幅度，即：前日收盘价×（1±涨跌幅比例）。计算结果四舍五入。如果当天股价达到了上限或下限时，不得再有涨跌，术语称为“停板”。当天市价的最高上限称为“涨停板”，最低下限称为“跌停板”。若某日报道青岛啤酒（600600）昨日收盘价45元，则今天它的股价跌涨浮动范围是40.5元到49.5元之间。如果是ST股，涨跌幅度规定是5%。若报道ST景谷（600265），昨日收盘价13.08元，则今天它的股价跌涨浮动范围是12.43元到13.73元之间。所以您报价时，要遵循涨跌停板规则。

新股上市当天价格涨跌幅在不同历史时期，受到不同幅度的限制。但第二天则要遵循涨跌停板规则。2006年7月5日，中国银行股份有限公司所发行股票上市交易，当天价格涨幅就达到了23.0%。但是第二天，该股票则要遵循涨跌停板规则了。

股票交易中一手就是100股。股票买卖原则上应以一手为整数倍进行。如买100股，5200股等。不能填买入150股，3120股。但由于配股中会发生不足“一手”的情况，如10送3股，您有100股，变为130股，这时可以卖出130股。也就是说，零股不足“一手”可卖出。新投资者初次买多少股合适？由于新投资者不熟悉股票特点，最好买一手（100股）试试，再卖出一手试试，反复几次，找找感觉。然后再进行大手笔买卖。

股票交易过程中还有现手的说法，就是当时成交的手数。若报道某种股票开盘就成交了5000股，即实际是成交了50手。

T+1中的T是英文Trade（交易的意思）的第一个字母。目前沪深两所规定，当天买进的股票只能在第二天卖出，而当天卖出的股票确认成交后，返回的资金当天就可以买进股票。此交易规则简称为T+1。假定您今天买进东风汽车100股，只能明天卖出。如果您明天卖出东风汽车100股且卖出的股票确认成交后，返回的资金您当天马上又可以买进该股或其他股票。

2006年7月1日，沪深证券交易所实施开放式集合竞价。即在集合竞价期间，即时行情实时揭示集合竞价参考价格。开放式集合竞价时间为9点15分至9点25分，即时行情显示内容包括证券代码、证券简称、前一个交易日的收盘价格、虚拟开盘参考价格、虚拟匹配量和虚拟未匹配量。9点15分至9点20分可以接收申报，也可以撤销申报，9点20分至9点25分可以接收申报，但不可以撤销申报。沪深证交所开始接受投资者有效的买卖指令，涨跌幅必须按规定填单（当日上市的新股除外），否则主机不接受。集合竞价集中在每天交易开始前的9点15分到9点25分之间的时间段，但此时电脑不撮合成交。在9点30分正式开盘的一瞬间，沪深证交所的电脑主机开始撮合成交，以每个股票最大成交量的价格来确定每个股票的开盘价格。下午开盘没有集合竞价。集合竞价不适用范围：新股申购、配股、债券。

连续竞价主要产生了开盘价，接着股市要进行连续买卖阶段，因此有了连续竞价。集合竞价中没有成交的买卖指令继续有效，自动进入连续竞价等待合适的价位成交。而全国各地的投资者此时还在连续不断地将各种有效买卖指令输入到沪深证交所电脑主机，沪深证交所电脑主机也在连续不断地将全国各地投资者连续不断的各种有效买卖指令进行连续竞价撮合成交。而无效的买卖指令主机不接受。如：股票价格涨跌幅超过限制等（当日上市的新股除外）。

交易费用主要有两项，即印花税（国家规定1‰）和交易佣金费（每个营业部规定不尽相同），均以成交额为计算基数。若您以46元买入鱼跃医疗（002223）1000股，您应该缴纳的印花税金额是：1000（股）×46（元）×1‰＝46（元）。同时您应该交纳的佣金费（假如规定为1‰）是46元：1000×46×1‰＝46（元）。如果您几天后以50元的价格卖掉这1000股，则您应该交纳的印花税计算如下：1000×50×1‰＝50（元）。同时交纳的佣金费为：1000×50×1‰＝50（元）。因此，此笔交易您本人一共交纳了费用192元。而您净赚了3808元。

投资者投资的过程，实质上就是一种平衡收益与风险的过程，贵在于智慧。一味得患得患失、朝三暮四，又怎能施展好这平衡之术呢？以大多数投资者的观点来看，基于新股重发而过度看空市场的态度并不足取，因为融资是资本市场的最基本功能，投资者若能智慧看待融资节奏的变化，反而可以发掘新的市场机会。打新稳赚不赔的神话早已被上一轮新股发行的破发潮所击碎，急欲参与本轮打新的投资者更需理性。股票的投资价值有一个逐步体现的过程，投资者如果长期看好某只股票，不一定非得“华山一条路”式地通过新股申购来参与，基于价值投资的理念还可以通过后续的交易来实现。毋庸讳言，新股的投资机会在增加，但市场要求投资者应该具备的智慧、能力也在提高，投资者如果不能静下心来好好研读上市公司信息，只是寄望于盲目跟风获得收益，投资风险将会只增不减。

股票交易过程中是有它的价格变动规律的，正是类似规律的总结与捕捉，使得投资者能够得到炒股的经验或教训，从而形成自己的选股原则与炒作风格。而对于初入股市的投资者，只能是在不断的股票交易中逐渐积累自己的交易经验，形成自己的风格特征。当然看看专业书籍及与其他投资者进行交流同样非常重要。

5. 选择服务好的证券公司

2015年上半年，股市行情火爆，上证指数从年初的3258.63点一路上涨至最高5178.19点，沪市与深市两市的成交量更是放出了1万亿元以上的天量。火爆的行情吸引了大批的新股民入市炒股。而对于刚入市的投资者来说，炒股的第一步就是要选择一个好的证券公司开立股票账户。应该讲，服务体系完善、业务种类多、交易速度快、稳定、收费水平合理，是投资者选择证券公司的必备条件。现在市场上符合这些条件的基本上都是大型的证券公司，因此选择一个优秀、正规的大型证券公司是开始正确投资的第一步，而且非常重要。

证券公司是专门从事有价证券买卖的法人企业。分为证券经营公司和证券登记公司。狭义的证券公司是指证券经营公司，是经主管机关批准并到有关工商行政管理局领取营业执照后专门经营证券业务的机构。它具有证券交易所的会员资格，可以承销发行、自营买卖或自营兼代理买卖证券。普通投资人的证券投资都要通过证券商来进行。证券市场，随着经济的大发展，逐渐成为一个主要的投资场所。越来越多的人进入这个市场，但是多数投资者只是随意的选择证券公司进行证券买卖，并不知道选择一个好的证券公司开户，不仅可以提供良好的个性化服务，也可以节省交易成本，增加投资收益。

我国现阶段的证券公司大概有100多家，从诸多“大块头”公司的宣传来看，都在规模、行业位置、创新及网点分布方面有着许多诱人的字眼。像：截止到2014年常见的证券公司中，中信证券股份有限公司是国内规模最大的证券公司之一，中国证监会核准的第一批综合类证券公司之一；海通证券股份有限公司成立于1988年，是中国最早成立的证券公司之一，国内行业资本规模最大的综合性证券公司之一；广发证券股份有限公司是中国市场最具影响力的证券公司之一，国内资本实力最雄厚的证券公司之一；国泰君安证券股份有限公司是国内规模最大、经营范围最宽、网点分布最广的证券公司之一，中国500最具价值品牌的公司之一；

招商证券股份有限公司是百年招商局旗下的金融证券领域龙头企业，拥有国内首个多媒体客户服务中心；华泰证券股份有限公司是全国最早获得创新试点资格的证券公司之一，具有较强市场竞争能力的综合金融服务提供商；申万宏源集团股份有限公司是最佳创新证券公司，国内最早的股份制证券公司，规模最大、经营业务最齐全的证券公司之一；中国银河证券股份有限公司联合4家国内投资者发起设立的全国性综合类证券公司，具有国内金融政权行业领先地位；国信证券股份有限公司是大型综合类证券公司，起源于中国证券市场最早的三家营业部之一的深圳国投证券业务部；中信建投证券股份有限公司是证监会批准的全国性大型综合证券公司，第一批取得创新试点资格的证券公司之一。

投资者如何选择一家比较好的证券公司呢？以

下几个方面可以作为初入股市的投资者必要的参考：

（1）看综合实力。证券公司的规模可以从该证券公司营业网点的多少、员工的人数判断，如果是上市公司，则可以从股本的规模等指标大致的看出。规模越大的证券公司，一般情况下会显得越专业一些。当然证券公司的综合实力是最能够体现一家证券公司能力的，综合实力强的证券公司在硬件设施和服务上都会有比较大的优势。综合实力高的证券公司会有更多的资本投入到设施和服务上，从而会给客户更好地体验。如：大型证券公司的硬件设施、网络设施、交易软件等都会更加稳定，这样客户在交易上就更加流畅，不会出现堵单漏单的现象。另外，大型证券公司的研究团队要更强，获取分析信息的能力更好，投资者在接受投资建议时会有更多的优势。最后，大型证券公司积累了一定的客户量，可能会更加注重客户的维护，提高客户服务质量。

（2）看开展新业务的能力。就目前来看，大型证券公司可以从事证券市场上所有的交易品种，如 A 股、创业板、股指期货、融资融券、个股期权等等交易，而一些小的证券公司可能无法进行一些新业务交易。随着投资者知识的积累，单纯的股票买卖可能不能满足投资者的需求。所以投资的朋友在选择证券公司的时候还要看看证券公司新业务的开展情况，现有的业务是不是能够满足自己投资的需求。比如说，很多大型证券公司基本上都能够开展全业务，如：融资融券、股票质押式回购、国债逆回购等。而有些证券公司则没有这些业务，所以投资者在考虑开户机构时，这也是特别值得注意的地方。

（3）看客户经理的素质。一些证券公司的客户经理对客户的后续服务几乎可以为零，客户开户后，从不会主动去和客户联系，帮助其解决一些投资中常见的问题。这样的客户经理，投资者可以忽略。一般可以从证券公司的投资顾问团队或者经纪人团队规模的建设来大致判断一家证券公司的后续服务能力，毕竟人多力量大。投资者在开通账户后，在股票上接触最多的就是自己的客户经理，不管是咨询行情还是办理业务首先找的都是自己的客户经理，所以客户经理的素质是至关重要的。一个好的客户经理可以想您所想，在办理业务上为您省下很多不必要的麻烦。

（4）看交易成本。目前在国内的个人和普通机构投资者是不能直接进行股票的买卖操作的。个人投资者想要买卖股票就必须在证券公司开户，然后由证券公司接受客户委托，按照客户要求，代理客户买卖股票。当然，这种代理买卖并不是免费的，而是要收取代理费用的，这种费用就是我们常说的佣金，证券公司的大部分收入正是来于此。每家证券公司，甚至是每家证券公司的不同营业部，佣金率都是不一样的，那么在不同的佣金率下，投资者的交易成本可能会相差较大。现在去证券公司开户，佣金率规定最高千分之三，不得超过，可以下浮，起点 5 元。大多数情况下的佣金率水平是千分之一点五；如果开户时能和证券公司谈一下，一般能谈到千分之一；如果稍微有点资产量，佣金率可以降到万分之五；如果资产量很大或者交易很活跃，佣金率甚至可以低至万分之三。若投资者账户中有 20 万元投资款，假定每周交易一次，产生 40 万元的交易金额，那么一年就是 1920 万元。根据不同的佣金率水平计算投资者的佣金如表 1 所示。

表 1

单位：万元

佣金率水平	千分之一点五	千分之一	万分之五	万分之三
年交易金额	1920	1920	1920	1920
年佣金支付额	2. 88	1. 92	0. 96	5. 76

由上表我们可以看出，如果是默认的千分之一点五的佣金率，我们每年要向证券公司支付 28800 元的佣金，但是如果是最低的万分之三的佣金率，

我们只需要支付 5760 元的佣金，相差了 23040 元。佣金率水平的不同会使投资者每年给证券公司多交 23040 元，相当于 11.52% 的收益率，已经相当于三倍多的银行定期利率。

（5）看证券公司推出的理财产品。大多数投资者的股票并不总是满仓，在股市行情不好的时候，可以做做理财产品，而这就需要考虑到开户机构的理财产品。一些大型证券公司具有开展资产管理业务的资格，可以推出多种理财产品供客户选择。随着经济的大发展，证券市场逐渐成为一个主要的投资场所。越来越多的人进入这个市场，但是多数投资者只是随意的选择证券公司进行证券买卖，并不知道选择一个好的证券公司开户，不仅可以提供良好的个性化服务，也可以节省交易成本，增加投资收益。

6.

进入股市要做心理测试

许多人都知道与比尔·盖茨齐名的巴菲特是靠炒股炒成了超级富翁。但当无数投资者羡慕驰骋沙场的股神巴菲特的时候，也许您忘了，可能您也会在不久的将来成为中国的巴菲特。马云、柳传志、王石的巨大成功至少说明了中国人在投资领域同样非常聪明和充满智慧。巴菲特能够获得今天的成功，既与他的超乎寻常人的智慧有关，当然也与他具有良好的心理素质有着密不可分的关系。那些在炒股中挣了大钱的成功者往往注意提高心理素质、实际操作能力和逻辑思维，不因暴涨而冲动，不因暴跌而恐慌，在风云变幻的股市中始终保持理性行为，以理性的心态看风险、以科学的心态看基本面、以谨慎的心态选股、以庄家的心态看盘、以平和的心态买卖、以灵活的心态看时机等。

人民网上讲述的一个案例。正当大多数投资者为大盘反弹欢欣鼓舞之时，2015 年 1 月 17 日，沈阳一位 54 岁老投资者因患抑郁症，从证券公司楼上跳下坠亡。专家们对投资者心理的监控和评估显示，投资者出现心理问题的几率比普通人高出约 20%，主要表现为烦躁、失落、郁闷，对生活的兴趣减弱，强迫症和抑郁症患者数量近几年也有所增加。所以说良好的心态是您进入股市，不影响家庭生活和工作的基础。那么哪些人比较适合进入股市，在各大证券公司中都会给开户的新投资者进行心理测试。判断出您对风险的承受能力。大体上有三类人不适合进行股票交易。一是股票价格在上涨或下跌时，心速超过 5% 的人，心理承受能力较低；二是没有原则的人，买卖股票没有明确的依据；三是情绪会严重影响了自己情商和智商的人。

中国人口众多，投资者也众多，可以称得上是“世界第一炒股大国”。炒股者千千万万，炒股者心态各异，很难有一个相同的心态去看待股市中的“风云”。有专家总结目前投资者中常见的六种心理如下：第一种是好奇心理。一些中青年，起初只是听别人谈股票，自己没有接触，通过观望产生兴趣，萌生参与意识，最后加入投资者行列。第二种是从众心理。一人购买，众人效仿，没有个人见解，随风逐浪，也成了投资者。第三种是盈利心理。在某些人眼里，股票收益比银行利息高、见效快，容易赚大钱。在求赢心态的支配下，不作了解便加入股票投资行列。这种心理在投资者中占了很大比例。第四种是冒险心理。股票投资虽然风险较大，但是“油水足”，能满足一部分人冒险心理的需要。第五种是寻求刺激心理。少数投资者将炒股看做是富有刺激性的娱乐，不仅着眼于赚钱，而且在股价的一涨一落和股票的抛出、吸纳过程中满足了刺激心理的需要。第六种是求知心理。这些人求知心切，想了解证券知识和股市运行规律，所以一边参加关于股票知识的讲座，一边参加实际投资。可惜，在投资者队伍中，这种人只占极少数。

其实无论是以哪种心态加入投资者队伍，他们目的都是出奇的一致：赚钱、发财。但是钱并不是好赚的。股价涨跌瞬息万变，这直接影响着投资者的切身利益，牵动着投资者的每一根神经。投资者如果长期处于这种紧张的心理状态，又没有较好的心理素质，就容易发生心理失衡，进而出现心理障碍。所以，精神卫生专家告诫人们炒股并非人人可行，建议人们在炒股之前检查一下自我心态，看看自己是否有充分的心理准备、是否具有风险意识和心理承受能力，只有具有较好心理素质的人才可以加入炒股队伍，而那些“无事易焦虑，有事易紧张”、心理素质差的人还是别炒股为好。一旦加入炒股大军，就得具备风险意识和心理准备。风险意识越强，心理准备也就越充分。这样，在股票交易中才容易做到赚而不骄，套而不馁。炒股时要注意的是，期望切勿过高。贪婪心理是“无底洞”，如果股票涨到“一档”时等“二档”，涨到“二档”时又等“三档”……得到的结果往往适得其反。上海不少老年投资者说得好：我只要赚到小菜金就满足了。像这样以平常心去炒股，即使输了，心理也能够承受。最后顺便提提，家庭投资要合理安排。除炒股外，还可买国债、参加储蓄等，分散投资怎么说都不至于“全军覆没”。

炒股失败容易使投资者产生焦虑与内疚，情况严重的会失眠、抑郁、呆滞，患上股市综合征。股市综合征中有一种是情绪紧张型。股市行情瞬息万变，使投资者经常处于紧急应变的氛围中，容易产生紧张恐惧、焦虑不安、郁郁寡欢、幻觉妄想等不良心理。这种紧张、焦虑的情绪会直接降低人的免疫力，造成植物神经功能紊乱、内分泌失调，使人出现心悸胸闷、倦怠无力、失眠多梦、神经过敏等一系列症状。心脏病人在紧张、恐惧的情况下或导致心律失常，甚至发生心脏病而猝死。还有一种悔恨绝望型的投资者在股市接连受挫后，输掉了自己辛勤积攒的血汗钱，或炒空了亲朋好友参股的份子钱，往往感到无颜再见江东父老，从而产生悔恨心理。这种悔恨通过压抑中枢神经，使全身新陈代谢处于抑制状态，肾上腺、甲状腺等腺体分泌量减少，肌体生理功能发生紊乱。研究发现，股市悔恨心理只要持续一周以上，体内免疫球蛋白会降低。长此以往，必然杂病丛生。

记得一位投资人曾讲过，如果拿着一只股票因为紧张睡不好觉，就卖掉让您紧张的头寸，直到您睡得安稳，因为那是您承受不了的风险。还有就是不要想着与市场抗衡，要顺势而为。如果市场是个伟大的舞者，投资者们只要跟着他的节奏，别老去踩他的脚就行了。市场不好，空仓为宜，尤其是在这轮漫长的大熊市当中。在股票交易中要有三条线，第一条是上涨线，即可以大胆介入；第二条是生命线，股价跌破这里是要出局的；第三条是心理线，市场一旦跌到这里，即所有人都赔钱，市场肯定要反弹，这才是考虑介入的时候。

您具有什么样的心理承受能力，就去做什么风险类型的投资项目，不要让投资变成您的心理疾病。股市上曾流传一个笑话：熊市里大家都亏钱，却有一个和尚总能赚钱。大家百思不得其解，便问和尚有何秘诀。和尚笑道：出家人以慈悲为怀，当大家都蜂拥买股票的时候，说明大家都非常想要股票，既然如此，我就得赶紧把股票卖给别人；当市场交易很清淡，大家想卖股票都困难的时候，我就得去买股票，尽微薄之力。这虽然是个笑话，却说明投资决策过程中充满了不理性。人性的两大弱点：贪婪和恐惧。这两个弱点在资本市场上总是暴露无遗。其实人们的思想和情绪非常复杂，用“贪婪和恐惧”不能充分概括出影响人们投资决策的全部心理。有研究表明，一个人的事业成功，智商只起 20% 的作用，而情商则起了 80% 的作用。这个规律在资本市场上同样适用，拥有再专业的知识和再高的智商可能还不如认清您自己并能很好地控制自己。

一般情况下，以下四种性格不宜做股票投资。

建议这类投资者还是尽早离开股票投资市场。

（1）环型性格。表现为情绪极不稳定，大起大落，情绪自控能力差，极易受环境的影响，盈利时兴高采烈、忘乎所以、不知风险将至；输钱时灰心丧气、一蹶不振、怨天尤人。

（2）偏执性格。表现为个性偏激、自我评价过高、刚愎自用，在买进股票时常坚信自己的片面判断，听不进任何忠告，甚至来自投资者的警告也当耳边风；当遇到挫折或失败时，则用心理投射机制迁怒别人。

（3）懦弱性格。表现为随大流，人云亦云，缺乏自信，无主见，遇事优柔寡断，总是按别人的意见做。进入股市、则为盲目跟风。往往选好的股总改来改去而与好股擦肩而过，后悔不迭。

（4）追求完美性格。即目标过高，做什么事都追求十全十美，稍有不足，即耿耿于怀、自怨自责，其表现为随意性、投机性、赌注性等方面多头全面出击，但机缘巧合的机会毕竟少，于是不能释怀。

股市有风险，入市需谨慎。目前各大证券公司在股票投资者开户时，都会给您做一份心理测试，看一看您是属于那种类型的投资者。在做心理测试时，请认真填写，真实了解自己的风险承受能力，做到“量力而为”。

7. 股份有限公司和上市公司谁更正宗

上市公司是指所发行的股票经过国务院或者国务院授权的证券管理部门批准，在证券交易所上市交易的股份有限公司。所谓非上市公司是指其股票没有上市和没有在证券交易所交易的股份有限公司。

股份有限公司是指以公司资本为股份所组成的公司，股东以其认购的股份为限对公司承担责任的企业法人。设立股份有限公司，应当有 2 人以上 200 以下为发起人，注册资本的最低限额为人民币 500 万元。由于所有股份公司均须是负担有限责任的有限公司，所以一般合称“股份有限公司”。

股份有限公司和上市公司都可以发行股票。股票分记名股票和不记名股票，发行方式有公开发行和非公开发行。现在我们交易的股票属于公开发行

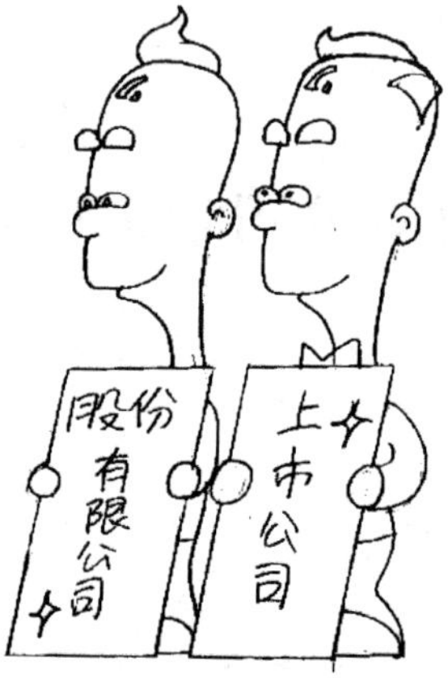

的记名股票。也只有这种股票可以上市挂牌交易，其他只能依法转让而不能上市买卖。所以股份有限公司或上市公司都可以发行多种股票，区别在于上市公司永远比股份有限公司多了一种可以上市买卖的股票。只有公司上市后股票才能在证券市场上随便买卖，而公司想上市必须符合一定条件。未上市公司的股份都属于干股，就是公司自己发行的股票，跟公司实际价值完全挂钩的股票。不能在证券市场上交易，私下可以买卖。一般来说都是创始人在创立公司的时候按比例分配好的，这些股份创始人可以私下跟人交易，这种股份一般是不分数量的，只按百分比算。之后股份的变动要么持有人私下交易，要么公司进行重组、融资、合并等再重新计算。

上市公司一定是股份有限公司，而股份有限公司可不一定是上市公司。股份有限公司达到了以下条件后，才可以进行上市。这些条件是：股票经国务院证券管理部门批准已经向社会公开发行；公司股本总额不少于人民币 3000 万元；公开发行的股份占公司股份总数的 25% 以上；股本总额超过 4 亿元的，向社会公开发行的比例 10% 以上；公司在最近三年内无重大违法行为，财务会计报告无虚假记载；开业时间在三年以上，最近三年连续盈利；原国有企业依法改建而设立的，或者本法实施后新组建成立，其主要发起人为国有大中型企业的，可连续计算；证券交易所可以规定高于前款规定的上市条件，并报国务院证券监督管理机构批准。若股份有限公司发行公司债券允许上市自由交易，则必须符合以下条件：已经公开发行公司债券；公司债券的期限为一年以上；公司债券实际发行额不少于人民币 5000 万元；公司申请债券上市时仍符合法定的公司债券发行条件。

股份有限公司要想进行上市还需要一定的程序，根据《证券法》与《公司法》的有关规定，股份有限公司上市的程序如下：

（1）向证券监督管理机构提出股票上市申请。股份有限公司申请股票上市，必须报经国务院证券监督管理机构核准。证券监督管理部门可以授权证券交易所根据法定条件和法定程序核准公司股票上市申请。

（2）接受证券监督管理部门的核准。对于股份有限公司报送的申请股票上市的材料，证券监督管理部门应当予以审查，符合条件的，对申请予以批准；不符合条件的，予以驳回；缺少所要求的文件的，可以限期要求补交；预期不补交的，驳回申请。

（3）向证券交易所上市委员会提出上市申请。股票上市申请经过证券监督管理机构核准后，应当向证券交易所提交核准文件以及下列文件：上市报告书；申请上市的股东大会决定；公司章程；公司营业执照；经法定验证机构验证的公司最近三年的或公司成立以来的财务会计报告；法律意见书和证券公司的推荐书；最近一次的招股说明书；证券交易所要求的其他文件。

证券交易所应当自接到的该股票发行人提交的上述文件之日起六个月内安排该股票上市交易。《股票发行和交易管理暂行条例》还规定，被批准股票上市的股份有限公司在上市前应当与证券交易所签订上市契约，确定具体的上市日期并向证券交易所交纳有关费用。

大部分的公司都是股份制度的，当然，如果公司不上市的话，这些股份只是掌握在一小部分人手里。当公司发展到一定程度，由于发展需要资金。上市就是一个吸纳资金的好方法，公司把自己的一部分股份推上市场，设置一定的价格，让这些股份在市场上交易。股份被卖掉的钱就可以用来继续发展。

股份代表了公司的一部分，比如说如果一个公司有 100 万股，董事长控股 51 万股，剩下的 49 万股，放到市场上卖掉，相当于把 49% 的公司卖给大众了。当然，董事长也可以把更多的股份卖给大众，但这样的话就有一定的风险，如果有恶意买家持有的股份超过董事长，公司的所有权就有变更了。但从我国目前上市公司的股权结构来看，流通股部分是可以通过二级市场进行自由交易或买卖的，但法人股部分按照规定是协议转让，因而主要是通过谈判来完成整个股权的转换过程。换句话说，通过证券市场正常的股票买卖来实现对一个公司的控股在我国是非常难的一件事。目前只有上海证券交易所第一批上市交易的八只股票俗称“老八家”其法人股与流通股都是可以通过二级市场进行自由买卖交易的。正是这条规定，才有了当年深宝安通过二级市场正常买卖手段实现了对上海延中的控股。但目前对老八家以外的股票很难在使用当年深宝安的招数，因为证券市场不是不透风的墙，只要您有这种意象，很快就会被人识破，且第二天就会股价大涨来增加您的收购成本。况且像中石油、中石化这么大的盘子，您也根本无法撼动盘面的结构。中国几乎所有上市公司的股权结构都有一个共同的特性，就是散股特别多，而且其内部对核心企业的相互持股的股权结构设计让您很难收购成功。

在国内股市进行炒股的投资者必须要清楚中国证监会对上市公司的股票交易还有一项重要的摘牌规定，并且已经有多家上市公司被摘牌制度清除出证券交易所。关于上市公司摘牌的规定，中国证监会在有关的条款中根据情况的严重程度设定了一些最终可能会导致摘牌的层次：上市公司如果连续 2 年亏损、亏损 1 年且净资产跌破面值、公司经营过程中出现重大违法行为等情况之一，证券交易所对公司股票进行特别处理，亦即 ST 制度。对 ST 公司，如果再出现问题，比如下年继续亏损从而达到《公司法》中关于连续 3 年亏损限制的，则进行 PT 处理。PT 制度是证券交易所对于暂停上市的公司股票流通所采取的特别安排，目的是为了增强市场流动性，切实维护广大中小投资者的利益。

交易所在采取 PT 交易制度时又规定：从 1998 年 1 月 1 日起 3 年内的任何 1 年中，如果 PT 公司能够扭亏为盈，则可以向交易所提出恢复上市的申请，经中国证监会批准后可以恢复上市。在 2000 年 5 月 1 日起施行的新版《上市规则》第十章第一节中规定了暂停上市有四种情形：上市公司股本总额、股权分布等发生变化，不再具备上市条件；上市公司不按规定公开其财务状况，或者对财务会计报告作虚假记载；上市公司有重大违法行为；上市公司最近三年连续亏损。出现前三种情形之一的，证券交易所根据中国证监会的决定暂停其股票上市；出现第四种情形的，证券交易所暂停其股票上市。自上市公司公布年度报告之日起，证券交易所对其股票实施停牌，并在停牌后三个工作日内就该公司股票是否暂停上市作出决定，并报中国证监会备案。上市公司应当根据证券交易所或中国证监会所作的暂停上市决定，在指定报刊刊登《暂停股票上市公告书》。自公告之日起，交易所停止其股票逐日持续交易。上市公司在其股票暂停上市期间，仍然应当依法履行上市公司的有关义务，交易所为投资者提供股票“特别转让”服务，为这些公司的股票流通提供一条出路，尽可能地保障中小投资者的利益。

上市公司如果在暂停上市期间财务状况或经营状况没有得到规定的改善，将导致该上市公司终止上市，即其股票将永远被停止交易并被清除出证券交易所的交易。这就是所谓的摘牌。《证券法》明确规定，不符合条件的上市公司应按《公司法》的规定退出市场。《公司法》第一百五十七条、一百五十八条规定，上市公司有下列五种情形之一的，将由国务院证券管理部门决定终止其上市资格：公司股本总额、股权分布等发生变化，不再具备上市条件，并在限期内未能消除的；公司不按规定公开其财务状况，或者对财务会计报告作虚假记载，经查实后果严重的；公司有重大违法行为，经查实后果严重的；公司最近三年连续亏损，在限期内未能消除的；公司被解散、被行政主管部门依法责令关闭或者被宣告破产的。

证券交易所上市规则规定，上市公司在接到中国证监会终止其股票上市的通知后，应当在指定报纸发布《终止股票上市公告书》，并应载明以下内容：终止上市股票的种类、简称、证券代码以及终止上市的日期；中国证监会终止其上市的决定；中国证监会要求的其他内容；交易所认为有必要的其他内容。不过，目前中国沪深两市还没有出现公司摘牌的先例。

8. 股票板块如同不同类型的美女

据《深圳商报》报道：2015 年 4 月 23 日深圳证券交易所“券商板块”强势上涨。海通证券、西部证券涨停，板块平均涨幅为所有行业第一，达 6.51% 的超高水准。股票板块的上涨总是那么激烈：上午该板块一直比较平静，下午 1 时 30 分，西部证券发力直线拉升，很快涨停。继而，其他个股也纷纷跟进上涨。海通证券第二个涨停。这种板块联动模式，让很多人找到了稳赚的炒作方法：当股票板块中有一只个股涨停，只要买入滞后的个股，总多少能享受后续上涨的利益。运气好的，还可以捕捉到涨停股。西部证券在 2 月初以来的走势明显强于其他证券股。如果从 2 月 6 日起步价 30 元算起，股价涨幅已经超过 1 倍。但它在去年 12 月行情中表现并不卓越。光大证券、招商证券等的后期涨幅也赶不上它。这个板块个股的分化有一种“先强后弱，先弱后强”的特征。那么什么是股票的板块呢？我们又如何选择股票板块呢？

股票板块指的是这样一些股票组成的群体，这些股票因为有某一共同特征而被人为地归类在一起。股票板块的特征有的可能是地理上的，例如“江苏板块”、“浦东板块”；有的可能是业绩上的，如“绩优板块”；有的可能是上市公司经营行为方面的，如“购并板块”；还有的是行业分类方面的，如“有色金属板块”、“科技板块”、“金融板块”、“房地产板块”等。总之，几乎什么都可以冠以板块的名称，而这一特征往往是被所谓股市庄家用来进行炒作的题材。2015 年 4 月 28 日，创业板暴风科技收出挂牌以来的第 25 个一字涨停，股价同时站上百元位置，报收于 101.27 元。此前由兰石重装创出的 24 连板的新股涨停记录被刷新。而暴风科技 2015 年 3 月 24 日上市，发行价 7.14 元。以 4 月 28 日股价计算，上市以来涨幅已经达到 1318%。这意味着如果投资者中签 1000 股暴风科技，持股市值 7140 元，到 4 月 28 日市值已达到 10.127 万元，财富效应极为明显。同时暴风科技总市值也已高达 121 亿元，市盈率 289 倍。而与股票价格暴涨相比，暴风科技的业绩差强人意。其年报显示，2014 年实现净利润 4194.15 万元，同比增长 8.83%，每股收益仅 0.31 元。4 月 24 日暴风科技发布第一季报，公司第一季度同比由盈转亏，归属于上市公司股东的净利润是 –320.85 万元，较上年度同期降幅 146.72%。对于暴风科技的爆炒，业内普遍认为与其市值较小、概念较好有关。数据显示，暴风科技总股本 1.2 亿股，流通股仅有 0.3 亿股，而暴风科技是目前沪深两市正宗的互联网企业，被爆炒反映了 A 股市场目前对互联网企业的偏好。

股市中所分板块很多，就如同当今的美女一样，各有不同，那我要选择那个类型呢？就要看它的未来了。

股票的走红与不走红、热门与不热门，某种程度上并不取决于股票本身的优劣或上市公司形象如何。各种股票往往此起彼伏，这段时期 A 种股票

特别走红，B 种股票相对冷淡；到了另一段时期，B 种股票有可能取代其他走红股票的地位，轮番表演。影响因素有政治、经济、社会、心理等各方面因素的变化，在一定时期出现某些引人注目的市场题材，使投资者看重有题材的股票，成为炒作的热门，因此，题材股也叫热门股。从股市的发展历史看，其历程就是炒作题材不断更新、不断交替的过程。美国在 19 世纪初铁路蓬勃发展时，铁路股票成了热门股，并且持续近百年之久；20 世纪初，钢铁和汽车取代铁路走红；20 世纪 50 年代，铝业和公用事业的股票又成为主流；70 年代初，能源和原材料股票又上升到主流地位；80 年代开始，高科技股票大为走红。

股票市场为什么会出现主题不断演绎、热门股不断更替的现象呢？这是因为，在特定的历史环境下，政治、经济乃至社会的各种政策措施对某些特定行业或部门、公司的影响各不相同，有的大受其惠，有的则遭受损失，而这种损益又必然反映到股市中来，从而导致股价波澜起伏。

炒作题材股主要是对未来的憧憬，而不是基于现实的业绩。我国正处在经济迅速增长时期，股市中题材更替特别快。1992 年邓小平南方讲话以后，掀起了房地产热；1993 年起国家支持浦东开发，浦东概念股出足了风头；1995 年国家经济策略转到搞活国有大中型企业，大盘股走红；再后来流行寻找成长股，令这类股票大幅上涨。

炒作题材股值得注意的问题是，主题是不断转换的，任何一种热门股在主宰市场一段时间之后必然功成身退（成长股例外），被另一类热门股所取代。投资者如果炒题材股，必须具备两个条件：一是要善于发现炒作主题，预测哪一类股票在最近会走红；二是要尽可能早而且准确地判断现在的热门股是否会退化、何时退化，以便不失时机地卖掉它。否则您不仅不会赚到钱，反而会吃大亏，因为热门股往往有涨得快、跌得也快的弊端。一个主题股或一两个热点板块形成过程中，盘面上会形成如下特征：个股或整个板块成交量明显连续增加。股价波动连续增大，收盘时经常拉尾市或打尾市；开盘、中盘时也有此现象出现。某一板块的股价走势配合换手率的增加开始由弱转强。大盘下跌时，个股和板块不跌；大盘涨，板块涨势超大盘，该板块可能成为市场热点。在判断是否为热点板块时，还要注意几点：热点形成的过程就是主力资金介入的过程，热点形成时间越长，持续时间也较长，或持续时间不长但板块股价上升幅度较大。股市不可能同时出现热点过多板块，如果出现市场同时疯狂炒做的情况，注意大盘是否出现一浪见顶信号。当新热点板块形成时，旧板块热点将进行调整。热点板块转移过程中，盘面往往有一次较大调整，主力资金机构调整持仓结构、换股和板块操作。

如何预测热门股票是初入股市的投资者普遍想急切知道答案的热点话题。首先，要密切关注国内外政治、经济形势的变化和发展，尤其是政府的经济政策变化。比如，近年来国家对环保问题越来越重视，对环保的需求上升，环保股票价格上升，您就要考虑环保行业股票会不会热起来；若政府鼓励某一行业和某一地区的发展，您就应该想到这一行业和地区的股票会不会成为炒作主题。像国家决定发展“一带一路”，即“丝绸之路经济带”和“二十一世纪海上丝绸之路”对当前的股票市场将产生了巨大影响。其次，要根据经济循环的规律，确定即将到来的热门股的大致范围。因为经济运行过程中，各行各业绝非齐头并进的。通常有这样的看法：在经济过了低潮之后，最先复苏的行业是建筑业，其他依次是零售业、公用事业、保险市场。如果您投资的是轻工业类股票，因为这些企业在经济低潮时积压了大批存货，随着经济好转，存货逐渐减少，又开始全面生产，再现生机；轻工业产品需求增加之后，重工业紧跟其后。整个经济发展经历由消费带动轻工业，由轻工业带动重工业这样一个过程。不过，当重工业利润增加的时候，股市牛市差不多到了尽头。所以，关注经济发展，把握时代脉搏，是及时、准确捕捉热门股的关键。再次，要了解市场动态，捕捉大众心理。选择股票虽然要有自己的主见，但不能忽视“大众倾向”，因为股票市场永远是按“多数人决定的原理”而波动，即使多数人都有错，但股票价格仍然会上涨。因此，大势所趋、人心所向往往是决定股市涨跌走势及个股行情的重要因素。尽管您十分准确地认为某种股票应该是选择对象，但大多数人不喜欢，您最好也改变自己的想法，顺势而为。最后，要重视技术分析，综合判断指标变化。股市的各种动态往往在图表上反映出来，比如当天的涨跌幅排名、5 分钟涨跌速排名、量比、换手率等。如果能娴熟地运用技术指标，就可以做到见微知著、明察秋毫，选中热门股票。

9.
股市的几次灾难

有人说，股市里只有希望和恐惧两种情感。问题是，很多投资者该恐惧的时候却满怀希望，而该满怀希望的时候却又十分恐惧。在牛市来临的时候，坊间流传的多数是让人啧啧称道的股市暴富神话，这样神话广泛流传燃起了更多人的希望，而另外一种恐惧情绪却慢慢地被淡化。唤醒历史上那些令人恐惧的时刻，也许会让更多的满怀希望的人不至于滑向疯狂。

美国纽约1929年大崩盘：一个小时内，11个投机者自杀身亡。1929年大恐慌的第一天，也给人们烫上了关于股市崩盘的最深刻的烙印。那一天，换手的股票达到128.95万股，而且其中的许多股票售价之低，足以导致其持有人的希望和美梦破灭。但回头来看时，灾难的发生甚至是毫无征兆

的。开盘时，并没有出现什么值得注意的迹象，而且有一段时间股指还非常坚挺，但交易量非常大。突然，股价开始下跌。到了上午 11 点，股市陷入了疯狂，人们竞相抛盘。到了 11:30，股市已经完全听凭盲目无情的恐慌摆布，狂跌不止。自杀风从那时起开始蔓延，一个小时内，就有 11 个知名的投机者自杀身亡。随后的一段日子，纽约证券交易所迎来了自成立 112 年来最为艰难的一个时期，大崩盘发生，而且持续的时间也超过以往经历的任何一次。

当时一个投资者在 1929 年初的财产有 750 万美元，最初他还保持着理智，用其中的 150 万购买了自由国债，然后把它交给了自己的妻子，并且告诉她，那将是他们以后所需的一切花销，如果万一有一天他再向她要回这些债券，一定不可以给他，因为那时候他已经丧失理智了。而在1929年底，那一天就来了。他就向妻子开口了，说需要追加保证金来保护他投到股市上的另外600万美元。他妻子刚开始拒绝了，但最终还是被他说服了。故事的结局可想而知，他们以倾家荡产而告终。

实际上，这种遭遇不仅仅降临到普通的缺乏理智的投资者身上，即使是一些睿智的经济学家也没有逃脱噩运。20世纪最为著名的经济学家凯恩斯，也在此次危机中几近破产。像其他人一样，凯恩斯也没有预料到1929年大崩盘，而且还低估了这次危机对美国和世界经济的影响。凯恩斯积累的财富在1929年崩盘时受到重创，几乎变得两手空空。后来凭借着敏锐的判断力，到1936年的时候，他靠投资股市把财富又增长到了4500万美元。但是在1938年的“熊市”中，他的资金又缩水了62%。一直到他1946年去世，1929年的崩盘都是他心理上抹不掉的阴影。

股市崩盘以后，控股公司体系和投资信托的崩溃，大幅削弱了借贷能力和为投资筹措资金的意愿，这迅速转化为订单的减少和失业的增加。受股市影响，金融动荡也因泡沫的破灭而出现。几千家银行倒闭、数以万计的企业关门，1929~1933年短短的4年间出现了四次银行恐慌。尽管在泡沫崩溃的过程中，直接受到损失的人有限，但银行无法避免大量坏账的出现，而银行系统的问题对所有人造成间接冲击。更严重的是，股市崩盘彻底打击了投资者的信心，一直到 1954 年，美国股市才恢复到 1929 年的水平。

1987 年 10 月 19 日，又是一段美国投资者的黑色记忆，这一天美国股市又一次大崩盘。股市开盘，久违了半个世纪的恐怖重现。仅 3 小时，道·琼斯工业股票平均指数下跌 508.32 点，跌幅达 22.62%。这意味着持股者手中的股票一天之内即贬值了二成多，总计有 5000 亿美元消遁于无形，相当于美国全年国民生产总值的八分之一的财产瞬间蒸发了。随即，恐慌波及了美国以外的其他地区。10 月 19 日当天，伦敦、东京、中国香港、巴黎、法兰克福、多伦多、悉尼、惠灵顿等地的股市也纷纷告跌。随后的一周内，恐慌加剧。10 月 20 日，东京证券交易所股票跌幅达 14.9%，创下东京证券下跌最高纪录。10 月 26 日中国香港恒生指数狂泻 1126 点，跌幅达 33.5%，创香港股市跌幅历史最高纪录，将自 1986 年 11 月以来的全部收益统统吞没。与此相呼应，东京、悉尼、曼谷、新加坡、马尼拉的股市也纷纷下跌。于是亚洲股市崩溃的信息又回传欧美，导致欧美的股市下泻。

1987年10月股市暴跌，首先影响到的还是那些富人。之前在9月15日《福布斯》杂志上公布的美国400名最富的人中，就有38人的名字从榜上抹去了。10月19日当天，当时的世界头号首富萨姆·沃尔顿就损失了21亿美元，丢掉了首富的位置。更悲惨的是那些将自己一生积蓄投入股市的普通民众，他们本来期望借着股市的牛气，赚一些养老的钱，结果仅一天工夫，一生的积蓄便在跌落的股价之中消失得无影无踪。股市的震荡刚刚有所缓解，社会经济生活又陷入了恐慌的波动之中。银行破产、工厂关闭、企业大量裁员，1929年发生的悲剧再度重演。

在1987年10月17日美国“黑色星期一”过后，率先恢复的是日本股市，并且带动了全球股市的回升。此后，日本股市一直呈上升态势，但另外一个噩梦般的恐慌却在酝酿之中。1989年12月，东京交易所最后一次开市的日经平均股指高达38915点，这也是投资者们最后一次赚取暴利的机会。进入20世纪90年代，股市价格旋即暴跌。到1990年10月份日经股指已跌破20000点。1991年上半年略有回升，但下半年跌势更猛。1992年4月1日东京证券市场的日经平均指数跌破了17000点，日本股市陷入恐慌。8月18日降至14309点，基本上回到了1985年的水平。到此为止，股指比最高峰期下降了63%，上市股票时价总额由1989年底的630万亿日元降至299万亿日元，3年减少了331万亿日元，日本股市的泡沫彻底破灭。同时由于股市疯狂上涨，吸引企业都转向直接融资，银行被迫以风险大的企业和非银行金融机构为主要融资对象，从而间接地导致了银行业的危机。

泡沫破灭后，日本经济形势急转直下，立即呈现设备投资停滞、企业库存增加、工业生产下降、经济增长缓慢的局面。影响所至，连房地产也未能幸免。日本房地产价格在1990年达到了耸人听闻的高位，当时日本皇宫地块的价格相当于美国加利福尼亚所有房地产价格的总和。泡沫破灭后，日本房地产价格跌幅近半才刚刚开始稳住，整个国家的财富缩水了近50%。当年资产价格的持续上涨激发人们借贷投机的欲望，日本银行当初急切地给房地产商放贷终于酿下了苦果。房地产泡沫的破灭和不良贷款不可避免地增加，使日本银行背上了沉重的包袱，引发了通缩，使得日本经济经历了更持久、更痛苦的萧条。日本经历了长期熊市，即使在2005年的反弹之后，日本股市离它的历史最高点还有70%之遥。

与西方发达和成熟的证券市场相比，中国股市的发展历程虽然显得较为短暂，但依然经历了两次惊心动魄的股灾。第一次发生在 1996 年。1996 年国庆节后，股市全线飘红。从 4 月 1 日到 12 月 9 日，上证综合指数涨幅达 120%，深证成份指数涨幅达 340%。证监会连续发布了后来被称作“12 道金牌”的各种规定和通知，意图“降温”，但行情仍节节攀高。12 月 16 日《人民日报》发表特约评论员文章《正确认识当前股票市场》，给股市定性：最近一个时期的暴涨是不正常和非理性的。此后涨势终于被遏止。上证指数开盘就到达跌停位置，除个别小盘股外，全日封死跌停，次日仍然跌停。全体持仓投资者三天前的纸上富贵全部蒸发。中国股市第二次灾难发生在 2001 年。当年 7 月 26 日，国有股减持在新股发行中正式开始，股市暴跌，沪指跌 32.55 点。到 10 月 19 日，沪指已从 6 月 14 日的 2245 点猛跌至 1514 点，50 多只股票跌停。当年 80% 的投资者被套牢，基金净值缩水了 40%，而证券公司佣金收入下降 30%。

与国外股灾相比，中国股灾的发生原因不尽相同，但都有一些共性：股市的走势大大脱离经济的基本面，因此注定难以持续，一有风吹草动，便全线溃败，而股市中人则投机心态过盛，或风雨将至仍勉力为之，或追涨卖跌全凭感觉，终不免悲惨收场。

写到此，不仅想起了老谋深算的股神巴菲特在初入股市时按照老师格雷厄姆的教诲去精心构筑自己的投资篮子，且还真是买了不同的鸡蛋放在了这个篮子中，但那年倒霉的巴菲特赶上了美国股市崩盘，巴菲特几乎是颗粒无收的回了家。只是到了后来经过不断的实战，才有了自己持有长久发展潜力股的投资价值判断。

10. 股票价格的颜色

按照国际惯例，股票交易中用红、绿两种颜色来表示股价的变化性质：红色表示股价下跌、绿色股价表示上升。但中国国内股市正好相反，规定红色表示股价上涨、绿色表示股价下跌。中国大陆和台湾地区的这种颜色定义，主要是因为中外传统对红色绿色所代表的意思理解不同所致。中国人认为红色代表吉祥和喜庆，而很多欧美人认为红色代表暴力和禁忌。欧洲传统把红色看作是代表亏损的“赤字”，因而用红字表示股价的下跌。有趣的是，日本人大多数信奉神道和佛教，他们最忌讳绿色，认为绿色是不祥之色。而在美国，美钞背面的颜色是绿色，绿色代表金钱和财富。在北美股票市场，绿色代表股价上升会受到大多数人的喜爱与认同；但在东亚部分国家股票市场则相反。还要告诉您的是，不仅只有用红绿色表示股指涨跌的，还有用红蓝颜色的呢，如韩国证交所和越南证交所。这就像交通左侧行驶还是右侧一样，像 QWERTY 键盘一样，仅仅是延续和习惯罢了。需要提示的是，在有的股票交易软件中看到股票价格后面的红色“+”符号，这个符号表示该股票当前价格与昨天收盘价格上涨了多少钱，或者是较昨日上涨价格的百分比（%）是多少。

其实股票本身并没有价值，只是它被当作商品买卖的时候才有了价格。股票价格又叫股票行市，是指股票在证券市场上买卖的价格。股票价格分为理论价格与市场价格。股票的理论价格不等于股票的市场价格，两者甚至有相当大的差距。但是，股票的理论价格为预测股票市场价格的变动趋势提供了重要的依据，也是股票市场价格形成的一个基础性因素。股价与股票的价值是相对的概念。股票价格的真实含义是企业资产的价值。

红黄绿颜色还会涉及股票价格指数问题。股票价格指数是动态反映某个时期股市价格总水平的指标。它是由金融服务公司根据市场上一些有代表性的公司股票的价格加权平均后计算的平均数值编制而成的。具体地说，就是以某一个基期的总价格水平为100，用各个时期的股票总价格水平相比得出的一个相对数，就是各个时期的股票价格指数，股票价格指数一般是用百分比表示的，简称“点”。股票价格指数由专门的金融机构编制后，在报刊、电台、电视上登载和播放，投资者可以根据指数的升降看出股票市场的变化趋势。世界各地的股票市场都有自己的股票价格指数，一般较有影响的是：道·琼斯工业指数、标准普尔指数、恒生指数及日经指数。股票价格指数是股票价格变动的指示器。由众多股票构成的股票价格指数，是衡量一个国家经济建设健康状况的体温表，它的变化大致反映了该国经济结构和经济活动的宏观变化趋势。从这点上讲，股票价格指数比股票价格更为重要得多，股票价格只对股市，至多是证券金融具有直接衡量作用和分析功能。而股票价格指数不仅对股市，而且对整个经济都有衡量作用和分析功能。

在股价指数走势图中，大家除了看到以红色表示上涨和绿色表示下跌的 K 线图之外，还会看到白色和黄色的线。白色则代表持平或停牌。在股价指数走势图中所出现的白线表示的是加权平均股价指数的走势，它充分体现了每个股票股本大小对综合指数的影响；而出现的黄线则表示算术平均股价指数，它将每个股票对综合指数的影响平均看待；当黄线高于白线时，表明小盘股相对大盘股涨得多，反之，表明大盘股相对小盘股涨得多。在个股股价走势图中出现的白线则表示个股实际成交价格的走势，黄线则是指该股票自当天开盘至目前为止的平均成交价格的走势。

股票现量（现量是指当前一笔的成交量，并不是代表当前只有这么多股票可以买）中的紫色代表大单、白色代表平单。红色是买进，绿色是卖出。红色表示主动性买入即时成交量（单位：手），绿色表示主动性卖出即时成交量（单位：手）。白色是系统不能分辨的交易单，就是说系统不能给白色的交易单进行分类，当然这也算交易单的一个种类，所以给它以白色进行标记。超过 500 手就是大单（大部分软件的默认值都是 500 手），1 手是 100 股，500 手就是 50000 股。

股票价格和股票指数的颜色并非不变，原因是股价总是处于波动之中。股价波动是指股票价格的变化形态，其表现为大趋势中有相反的小趋势运动的波动状态。股价波动状态中主要有三种趋势：上涨趋势波动、下跌趋势波动和无趋势波动。股价波动的主要原因是股票的供求关系的变化。使股票的供求关系发生变化的因素，主要来自以下几个方面：

（1）政治因素。政治性因素是指足以影响股价变动的国内外政治活动以及政府对股市发展的政策、措施、法令等的制定和变化。

（2）战争因素。战争对股市的影响是巨大的。战争对股价的影响，要视战争的性质、结果以及对世界或局部地区的经济影响而定。战争的胜负也会影响投资者的信心，从而导致股价的上升或下降，使整个股市发生震荡。

（3）政局因素。政局是否稳定，政权的转移或过渡，政府首脑的更迭，政府的行为以及社会的安定性，都会影响到投资者的投资信心。而投资者投资的信心如何，是决定股价的一个重要因素。

（4）政策因素。政府的社会经济发展规划，经济政策特别是财政政策、货币政策、产业发展政策、贸易政策以及股市发展政策的制订和变化，都会影响股价的变动。涉及股市发展的法令及管理条例的颁发，也会影响到股价的变动。

（5）经济增长与经济景气循环。国内生产总值的增长反映了一国在一定时期内经济发展和增长的综合水平。预计国内生产总值是增长还是下降，以及国内生产总值的增长速度，是影响股价上升或下降的一个重要因素，而经济的景气循环又影响到股价的周期波动。

（6）物价。虽然物价与股价之间没有直接的联系，但一般来说，物价上涨，会使股价具有上升趋势。这是因为在通货膨胀期间，由于银行存款利率往往低于通货膨胀率，对于手持现金的投资者而言，存款无异于货币贬值，这样必然将储蓄转而投向其他能保值增值的对象。所以购买股票的投资者会相应地增加。尽管如此，物价的上升与股价的上升之间的关系并不十分明显。在通货膨胀期间，有的上市公司利润会增长，但一些受通货膨胀影响严重的上市公司，由于成本上升幅度过大而影响利润，使其利润下降或者产生亏损，其股价就会下降；另外，在通货膨胀期间，政府会采取提高利率，开办保值贴补率等方法，鼓励储蓄，从而会影响股价的上升。这样，使得物价的上涨，在短期内对股价的影响不明显。但是，不管怎样，物价的上涨，会使得股价呈现上升趋势。

（7）利率。利率的高低与股价具有密切的关系。一般来说，利率上升，股价下降，利率下降，股价上升。利率与股价之间具有反比关系。

（8）汇率。如果汇率上升，即本国货币升值，这不利于出口，而有利于进口。由于增加了出口的难度，所以对于出口导向型企业是不利的，这些公司的股价将会下降。如果汇率下降，即本国货币贬值，这不利于进口，而有利于出口，另外也有利于吸引国外的投资，有利于本国经济发展，从而导致股价上涨。但是，如果汇率大起大落，大幅波动，则不利于经济的发展，对股市的健康发展也会有不利的影响。

（9）信用松紧。当信用扩张时，银根松动，货币供给量增加，市场上游资金充足，大量的闲散资金把股市作为投资或投机的目标，使得股市投机繁荣，股价亦不断上升。而当信用收缩时，银根抽紧，货币供给量减少，许多公司为筹集资金，卖出股票，换成现金，这会使股市资金不断退出，从而导致股价不断下降。

（10）征税。政府对股票交易征税，会影响股票投资者买卖股票的意愿，从而影响股票的价格。政府对股票交易征税时，会使投资者投资股票的所得减少，从而影响投资者对股票投资的意愿，这样，股价就会下跌；反之，股价就会上涨。

（11）除权除息。上市公司在以现金方式分红派息或以红股方式派息以后，股价容易产生波动。上市公司除权除息以后，股价相对较低，容易刺激投资者购买；同时，除权除息的缺口也加大了股票价格的上涨空间，容易诱使市场投机者拉抬股价。

（12）增资配股。上市公司因业务需要会发行新股以增加资本额。新股发行后，上市公司的股本数增加，从而使每股股票的净值下降，因而会导致股价下跌。但对于一些业绩优良、财务状况良好的上市公司的绩优股而言，增资以后股价不仅不会下降，反而会上涨，因为上市公司增资以后将增强公司的经营能力和获利能力，从而会使股东获取更多的投资收益。

（13）减资。当公司宣布减资，即减少资本时，上市公司的资本总额也将随着减少，这主要是公司出于经营发展的战略需要，或由于公司经营不善、连年亏损，上市公司需要重新整顿。公司减资会使股价大幅波动。

（14）拆股。上市公司为了使股票更具有吸引力，常把面额较大的股票拆细，变成面额较小的股票。拆股并不影响到上市公司的资本额，只是增加了股本总额，但股票的每股面值拆细了。拆股以后，使得每股股票所代表的每股净产值也减少，从而使股价下跌，有利于投资者认购，对于一些绩优股和成长股而言，拆股以后更有利于股价上涨。

（15）预期。在股票市场上，技术力量是由投机性买卖活动而引起的。在股市中买卖股票的投机者，对于股价的未来走势，不是看涨，就是看跌，这看涨看跌自然形成买和卖两股相反的力量。当人们普遍看涨时，则买进的力量强大，股价便上升，股市为多头市场。当人们普遍看跌时，则卖出的力量强大，股价便下跌，股市为空头市场。而当看涨和看跌的力量均等时，即买进和卖出力量处于势均力敌时，股价便会盘整，股市为牛皮盘整行情。

（16）人为操纵。在股票市场上，人为操纵股价是很难加以避免和杜绝的一种股票投机行为。即使是股票交易法规非常健全的美国也会经常爆出幕后交易的丑闻。股票市场上，只要是法律和法规出现漏洞，监管力量出现空位，短期投机操作，操纵行为就会很明显，股价由于投机者的人为操纵就会产生强烈的震荡。

11. 众说纷纭的股票交易指数

早上开车上班途中，收音机里传来了对昨日股市交易的报道：2015 年 4 月 16 日两市高开后维持震荡走势，沪指盘中最高见 4195.31 点。截至收盘，沪指涨 2.71%，报 4194.82 点，成交 7121.66 亿元。深证成份指数涨 2.35%，报 13967.80 点，成交 4884.32 亿元。这一连串的数字报道您能听懂些什么？其实这里主要报道的就是股票价格指数。

世界各地的股票交易市场星罗棋布，并且在许多国家已经成为资本市场的代表，股市行情不仅集中反映资本市场的动态，而且是国家经济状况的重要参照。然而股票数量繁若群星，每种股票的价格又在随机变化。为了记录、衡量、分析股市行情的来龙去脉，经济学家以数学为工具编制了各种股票价格指数，以适应各类需要。股价指数是反映股票市场中股票价格变动总体水平的重要尺度，更是分析、预测发展趋势进而决定投资行为的主要依据。

编制股价指数时通常采用以过去某一时刻（基期）部分有代表性的或全部上市公司的股票行情状况为标准参照值（100%），将当期部分有代表性的或全部上市公司的股票价格与标准参照值相比的方法。具体计算时多用算术平均和加权平均两种方法。算术平均数法：将采样股票的价格相加后除以采样股票种类数，计算得出股票价格的平均数。其计算公式如下：

股票价格算术平均数 =（采样股票每股股票价格总和）÷（采样股票种类数），然后将计算出来的平均数与同法得出的基期平均数相比后求百分比，得出当期的股票价格指数，即：

股票价格指数 =（当期股价算术平均数）÷（基期股价算术平均数）×100%

若采用加权平均数法计算，则会以当期采样股票的每种股票价格乘以当期发行数量的总和作为分子，以基期采样股票每股价格乘基期发行数量的总和作为分母，所得百分比即为当期股票价格指数，即：

$$\text{股票价格指数} = \frac{\sum\left(\text{当期每种采样股票价格} \times \text{已发行数量}\right)}{\sum\left(\text{基期每种采样股票价格} \times \text{已发行数量}\right)} \times 100\%$$

目前在中国股市实际使用的股票指数主要有上证综合指数、深证综合指数、上证50指数、上证300指数、上证380指数、深证成份股指数、深圳100指数、沪深300指数、中证100指数、台湾加权指数、恒生指数。这些指数基本涵盖了大陆、香港和台湾的股票交易市场。如果不投资港股的话，内地的投资者主要关注的还是上海证券交易所和深圳证券交易所定期公布的股票交易指数。

上海证券综合指数简称沪指又名上证指数，它是上海证券交易所编制的，以上海证券交易所挂牌上市的全部股票为计算范围，以发行量为权数综合计算得来的指数。它以1990年12月19日为基期，从1991年7月15日起由上海证券交易所编制并公布。上证综指反映了上海证券交易市场的总体走势。上海证券交易所从1992年2月开始分别公布A股指数和B股指数；从1993年5月3日起正式公布工业、商业、地产业、公用事业和综合五大类分类股价指数。其中上证A股指数以1990年12月19日为基期，上证B股指数以1992年2月21日为基期，分别以全部上市的A股和B股为样本，以发行量为权数进行加权计算。上证分类指数以1993年5月1日为基期，按同样方法计算。

深证综合指数简称深成指又名深证指数，它是深圳证券交易所从1991年4月3日开始编制并公开发表的一种股价指数，该指数规定1991年4月3日为基期，基期指数为100点。取1994年7月20日为基准日，基日指数定为1000点。当有新股票上市时，在其上市后当天纳入指数计算。深证综合指数1995年1月23日试发布，1995年5月5日正式启用。样本股的选取考虑：上市交易时间的长短；上市规模，按每家公司一段时期内的平均总市值和平均可流通市值计算；交易活跃程度，按每家公司一段时间总成交金额计算。在确定初步名单后，再结合以下因素选出：股票在一段时期内的平均市盈率；公司的行业代表性及所属行业的发展前景；公司近年的财务状况、盈利记录、发展前景及管理素质等；公司的地区、板块代表性等。2007年5月23日，深交所对成份股样本进行了调整。综合指数以所有在深圳证交所上市的股票价格为计算范围，以发行量为权数的加权综合股价指数。从2007年11月19日起，变更为从上市第十一个交易日起纳入指数计算。深证成份指数是深证所编制的一种成份指数。从深市的所有股票中抽取具有代表性的40家上市公司作为计算对象，并以流通股为权数计算得出的加权股份指数，综合反映深证所上市A、B股的股价走势。

上证180指数。上证成份股指数的样本股共有180只股票，选择样本股的标准是遵循规模（总市值、流通市值）、流动性（成交金额、换手率）、行业代表性三项指标，即选取规模较大、流动性较好且具有行业代表性的股票作为样本。上证180指数是1996年7月1日起正式发布的上证30指数的延续，从2002年7月1日起正式发布，基点为2002年6月28日上证30指数的收盘点数3299.05点。作为上证指数系列核心的上证180指数的编制方案，目的在于建立一个反映上海证券市场的概貌和运行状况、具有可操作性和投资性、能够作为投资评价尺度及金融衍生产品基础的基准指数。

上证50指数。目前上海证券交易所发布的上证50指数，是以2003年12月31日为基日，以该日50只成份股的调整市值为基期，基期指数定为1000点，采用派许加权方法，按照样本股的调整股本数为权数进行加权计算后得出的。由于该指数在计算时挑选上海证券市场规模大、流动性好的最具代表性的50只股票组成样本股，所以其目的是综合反映上海证券市场最具市场影响力的一批优质大盘企业的整体状况。

上证380指数。上海证券交易所和中证指数公司于2010年11月29日正式发布新兴蓝筹指数上证380指数。该指数与上证180、上证50等蓝筹指数一起构成上海市场主要的蓝筹股指数。它的出现反映了上交所上市公司及股票结构的变化与发展。上证380指数在确定样本空间时，除剔除上证180指数样本股外，还剔除了未分配利润为负的公司，以及五年未派发现金红利或送股的公司，然后按照营业收入增长率、净资产收益率、成交金额和总市值的综合排名，根据行业配比原则确定各二级行业内上市公司家数，选择排名前380名的公司作为上证380指数样本股。这样的选股方法，既综合考量了股票的成长性、盈利能力、规模和流动性，又突出了股票的行业地位，确保了指数样本的成长性潜力蓝筹特征。历史模拟数据显示，上证380指数体现了高成长股票的高估值特征，从2004年至2010年的累计收益率达277%，最新市盈率为35.8倍。

深证成份股指数。由深圳证券交易所编制，通过对所有在深圳证券交易所上市的公司进行考察，按一定标准选出 40 家有代表性的上市公司作为成份股，以成份股的可流通股数为权数，采用加权平均法编制而成。深证成份股指数包括深证成份指数、成份 A 股指数、成份 B 股指数等。成份股指数以 1994 年 7 月 20 日为基日，基日指数为 1000 点。深圳证券交易所选取成份股的一般原则是：有一定的上市交易时间；有一定的上市规模，以每家公司一段时期内的平均可流通股市值和平均总市值作为衡量标准；交易活跃，以每家公司一段时期内的总成交金额和换手率作为衡量标准。

深证 100 指数。深圳证券信息有限公司于 2003 年初发布深证 100 指数。深证 100 指数成份股的选取主要考察 A 股上市公司流通市值和成交金额两项指标，从在深交所上市的股票中选取 100 只 A 股作为成份股，以成份股的可流通 A 股数为权数，采用派许综合法编制。根据市场动态跟踪和成份股稳定性原则，深证 100 指数将每半年调整一次成份股。深证 100 指数以 2002 年 12 月 31 日为基准日，基准指数定为 1000 点，从 2003 年第一个交易日开始编制和发布。每个交易日集合竞价开市后用成份股的开市价计算开市指数，其后在交易时间内用成份股的实时成交价计算实时指数，收市后用成份股的收市价计算收市指数。成份股当日无成交的，取上一交易日收市价。成份股暂停交易的，取最近成交价。根据不同情况，在开市前对指数实时计算公式中的有关数据项分别或同时进行调整。

沪深300指数是由上海和深圳证券市场中选取300只A股作为样本编制而成的成份股指数。样本覆盖了沪深市场六成左右的市值，具有良好的市场代表性，沪深证券交易所第一次联合发布的反映A股市场整体走势的指数。它的推出，丰富了市场现有的指数体系，增加了一项用于观察市场走势的指标，有利于投资者全面把握市场运行状况。

中证100指数是从沪深300指数样本股中挑选规模最大的100只股票组成样本股，以综合反映沪深证券市场中最具市场影响力的一批大市值公司的整体状况。中证100指数作为跨沪深两个市场、以大盘蓝筹股为样本的成份股指数，无疑具有一些先天的优越性，它是众多股票指数中的“蓝筹股”。

台湾加权指数。1961年台湾证券交易所成立后，开始编制并使用台湾加权股价指数，已有超过50年的历史。台湾加权指数的成分股选取包含所有台湾交易所挂牌交易的股票，为当今最知名的台湾股价指数，总市值约是沪深两市总和的百分之二十。加权指数的走势是台湾经济发展的缩影。主流投资方向由早期的纺织、机械制造、化工类为主的公司，逐渐转向金融、信息科技公司。而今许多观光、餐饮服务与海外台商回台上市等类型企业也逐渐出现。台湾加权指数完整呈现台湾产业兴衰变化的历程。目前信息科技产业类公司所占比例最大，金融产业次之。

恒生指数由香港恒生银行全资附属的恒生指数服务有限公司编制，是以香港股票市场中的50家上市股票为成份股样本，以其发行量为权数的加权平均股价指数，是反映香港股市价幅趋势最有影响的一种股价指数。该指数于1969年11月24日首次公开发布，基期为1964年7月31日。基期指数定为100。

股价指数在证券交易活动中应运而生。它不仅是反映股票市场行情变动的重要指标，而且是观测经济形势和周期状况的参考指标，被视为股市行情的“指示器”和经济景气变化的“晴雨表”。股价指数主要有以下基本功能或作用：综合反映一定时期内某一证券市场上股票价格的变动方向和变动程度；为投资者和分析家研究、判断股市动态提供信息，便于对股票市场大势走向做出分析；作为投资业绩评价的标尺，提供一个股市投资的“基准回报”；作为指数衍生产品和其他金融创新的基础。

由于股票价格起伏无常，投资者必然面临市场价格风险。对于具体某一种股票的价格变化，投资者容易了解，而对于多种股票的价格变化，要逐一了解，既不容易，也不胜其烦。为了适应这种情况和需要，一些金融服务机构就利用自己的业务知识和熟悉市场的优势，编制出股票价格指数，公开发布，作为市场价格变动的指标。投资者据此就可以检验自己投资的效果，并用以预测股票市场的动向。

12. 巴菲特只是个历史人物

沃伦·巴菲特是当今世界和人类历史上最伟大的股市投资者之一，被誉为世纪股神。1956 年以 100 美元起家，在短短 40 年里积聚起了 167 亿美元的个人财富！在华尔街，巴菲特是财富的象征，他简单质朴却又独特深刻的投资哲学与方略永远是人们追求的心灵圣经和行动指南。但他毕竟是个历史人物，而您极有可能就是下一个“巴菲特”。

智者千虑，终有一失，股神也概莫能外。作者记得第一次在书店里面买到了介绍这位股神的书籍时就仿佛看到了圣经一样。特别是扉页上印的那句话“只有在海水退潮的时候才知道谁没有穿游泳裤”让我每次讲到股票时都要吟咏这句名言。但今天回过头来看这句话，感觉巴菲特也是一个有时比较自负的人，并不完美。巴菲特广为人知败走麦城的著名事件，就是在2008年百年一遇的金融危机中，由于对金融海啸极度恶劣的后果与危害完全估计不足，“抄底”进场的时间过早，由此造成伯克希尔公司在2008年度账面价值亏蚀了115亿美元。而他在年轻的时候，至少在28岁之前，也曾经出现过几次误判或看走眼的事儿。

第一次，是他还在哥伦比亚大学商学院念研究生时，一边学习证券投资理论，一边学以致用。那一次，他特地向多德教授告假，专程参加马歇尔·韦尔斯公司的股东年会，这是他第一次参加公司的股东年会。他在这次会议上偶遇公司股东、知名的投资大户兼华尔街一家证券经纪公司老板格林。巴菲特当初购买马歇尔·韦尔斯公司的灵感，主要来自于格雷厄姆的那本《证券分析》。尽管此时的巴菲特与格雷厄姆还未曾谋面，但恩师在书中提到过这家公司。巴菲特认为，他必须要仔细认真地把学习获得的东西，实地的了解清楚，即用从书本和课堂上所学到的理论来指导实践，反过来又用实践来检验所学到的理论。但当格林问巴菲特为何要买马歇尔·韦尔斯股票时，他只是说，因为格雷厄姆也买了这家公司的股票。但是巴菲特还有他自认为的更大理由没有说出来。这是北美一家很有名望的专做五金批发的大公司。经过他的搜索和研究显示，该公司非常赚钱，如果它把盈利分给股东作为红利，每股应该可以分到62美元，而当时的股价是200美元/股。拥有公司股票，实际上相当于拥有一种年利率高达31%的债券。如果保持这个利率水平，持有它三年时间，本金就能翻番，公司实际潜藏的回报率及隐含价值相当高。但格林在听了巴菲特的表面理由之后，只是意有所指地说了一句“好球”。这句话让巴菲特慢慢的意识到，格林是在要求他进行独立思考。陡然间，巴菲特觉得自己愚蠢极了。

第二次，他在21岁那年，通过阅读《穆迪手册》，发现了一家叫做克利夫兰毛料厂的公司，它的每股流动资产为146美元，而股价只有115美元，要低于这个数，这就基本符合恩师所说的判断法则。巴菲特认为公司的股价未能反映“一家装备精良的工厂”的价值，他对自己当时的分析判断信心满满，并认为该公司有足够的收入支付分红，每股8美元分红为大约115美元的股价提供了7%的“有充分保证”收益。而事实上，该公司最终的决议是取消分红。巴菲特为此事几乎要气疯了。他要去到该公司论理“讨说法”，但等他赶到公司年会现场时，会议刚刚结束5分钟。公司高管除了客套和委婉的敷衍后，巴菲特此行一无所获，他觉得自己简直就是被公司的这帮人狠狠地耍弄了一番。

第三次，则有点“搞笑”。巴菲特有一次与他以前的旧同事纳普重逢，纳普在无意中告诉他，美国政府可能要从流通领域中回收4美分的蓝鹰邮票。为此，他俩到各个邮局去打探及大量“吃进”这款邮票。经过一番折腾，最后几乎收集到了60多万枚，总共投入了25000美元。等到他俩把一大堆邮票搬到地下室时，才终于醒悟过来，原来干了一件“傻事”。因为他俩能够收集到60多万枚，这本身就足以说明，市场上并没有多少其他的收藏者对其感兴趣，这是将来难以升值的要害所在。他俩花费了巨大努力，最后却把自己变成了一个真正的“邮局”，而这一大堆4美分的邮票，看来是永远无法升值了。

大凡是人，就难免不犯错误，更何况是在这种波谲云诡、极度残酷的博弈游戏中。大家都是人，都不可避免或多或少的具有人性中的某些弱点与缺陷。真正的高手和赢家应该把握在收益与风险之比较大之时才会下注落单，并且往往是正确的时候多，犯错的时候少。所谓对的时候太多，错的时候很少；赢时大盈，输时小输。就像香港的波浪大师曾经讲过的一句名言那样，赢要赢一间厂，输要输一粒糖。

13. 找到迷宫的入口

玩过迷宫探宝游戏的朋友知道这个游戏的关键是找到迷宫的入口在哪里，而后才是进入城堡取宝。在证券交易活动中，投资者在证券市场上买卖已发行的证券要按照一定的程序进行，而开户是证券交易基本程序中最开始的一个步骤。开户之后才可以进行相关的股票交易操作。

首先要了解您所需要开立的账户种类。开户有两个方面，即开立证券账户和开立资金账户。证券账户用来记载投资者所持有的证券种类、数量和相应的变动情况，资金账户则用来记载和反映投资者买卖证券的货币收付和结存数额。其次带着相关证件（二代身份证加一张普通银行卡即可。没有二代身份证的可凭一代身份证办理开户，但是需要辅助证件，比如驾驶证、居住证等）到当地证券公司进行开户申请。如果没有银行卡，有的证券公司也可以在开通证券账户后去银行开通银行卡，作为自己的资金账户。证券开户时需填写《证券交易开户文件签署表》和《证券客户风险承受能力测评问卷》；如果客户从未办理过证券开户的，需填写《自然人证券账户注册申请表》；这些表的填写都非常简单，按照说明进行即可。然后开户本人带着从证券公司那申请的账户号到银行，将您的银行卡和证券账号关联起来。办理银行第三方存管，需填写《客户交易结算资金第三方存管协议》，没有该银行借记卡者仅需在银行柜台另新办借记卡即可，最后开户之后您回家在网上下载这个证券公司的软件并安装，然后输入您的账户账号密码进入，将关联的银行卡上资金导入证券账户。

在证券开户时间方面，证券服务商都会规定周一至周五 9:00～15:00 内办理证券开户的，新开户者可以当场取得两张纸质股东账户卡；其他时间段包括周末办理证券开户的，证券账户卡只能在下一个交易日取得或快递送到，不过这不影响正常的证券交易。

开户费用是根据您选择的开户证券公司决定的，深圳证券账户卡 50 元，上海证券账户卡 40 元，一共是 90 元。某些地方可能会打折，收取 55 元或者开一个送一个，比如开上海证券账户送深圳证券账户或者开深圳证券账户送上海证券账户，所以开户费为 40 元或者 50 元；一些证券公司数量少的城市可能会收取 90 元开户费。深圳，上海，广州，北京，天津，武汉等地方则不再收取开户费。

需要注意的是，开户可以不用存钱进去，开个空户不存一分钱进去也可以，这个没有任何限制的。但是建议您最好要存一块钱在您的银行卡里面，开户之后通过银证转账把这一块钱转入到股票资金账户里面去，然后再转出来，熟悉一下银证转账操作流程。

办理开户的一个重要内容是办理 A 股资金第三方存管业务。其基本的步骤如下：第一步是投资者本人到证券公司营业部，填写并提交《客户交易结算资金第三方存管协议》、出示证件（本人身份证原件、本人的银行存折、证券账户卡)，经审核确认合格后，给予投资者办理第三方存管账户预指定手续。第二步是投资者本人到预指定银行柜台，提交协议和出示证件（本人身份证原件、本人的银行存折、证券账户卡)，经银行审核确认合格后，给予确认开通第三方存管业务。

投资者办理完成以上手续后就可以通过交易系统（电话委托、网上委托）将资金从自己的银行存折转入自己的证券公司资金账户，进行证券交易。

证券公司业务员受理委托后，须按受托先后顺序即该通知驻场交易员。证券公司对委托人交保的资金和证券有详实的纪录和凭证，按户分账管理，不得挪用。证券公司对委托人的委托事项负有保密的责任，未经委托人许可不得披露。证券公司在受理委托时，须向委托人说明遇有不可抗力因素造成的损失责任的处理事项。

委托人的委托如未能全部成交，证券公司在委托有效期内可继续执行，直到有效期结束。在委托未成交之前，委托人有权变更和撤销委托。委托人变更委托，视同重新办理委托。对委托人变更或撤销委托，证券公司须即刻通知证券交易所，经证券交易所确认后，当即将执行结果告知委托人。对委托人撤销和失效的委托，证券公司须根据委托人的要求，及时退还其交保的资金或证券。委托人买卖成交后，证券公司须及时通知委托人，并按规定的交割时间向委托人办理交割手续。证券公司在向委托人办理交割时，须将“成交过户交割凭单”交给委托人签收。委托人的委托书及委托执行中的有关收付凭证，证券公司须保存两年以上。

网上证券交易有替代传统证券交易的势头。一方面是由于近年来国际互联网的复苏发展以及其与证券经纪业务的有机结合；另一方面是因为网上证券交易相对于传统的交易方式具有众多优势。

（1）网上证券交易以无所不在的国际互联网为载体，通过高速、有效的信息流动，从根本上突破了地域的限制，极大地缓解了我国券商地域分布不均的矛盾，将身处各地的投资者有机地聚集在无形的交易市场中，使得投资者能在全国甚至全球任何能上网的地方进行证券交易，并使那些有投资欲望但却无暇或不便前往证券营业部进行交易的人士进行投资成为可能。

（2）网上证券交易通过国际互联网，克服了传统市场上信息不充分的缺点，有助于提高证券市场的资源配置效率。

（3）网上证券交易可以降低证券交易的交易

成本和交易风险。网上交易的全国引入，使得客户彻底突破传统远程交易的制约，无须投入附加的远程信息接收硬件设备，在普通的计算机上就可以全面把握市场行情和交易的最新动态。另外，网上交易包容给了证券活动的方方面面，使投资者足不出户就可以办理信息传递、交易、清算、交割等事务，节约了大量的时间和金钱。对券商而言，网上交易的大规模开展，可以大幅度降低营业部的设备投入和日常的运营费用。此外，现在网上交易通常采用对称加密和不对称加密相结合的双重数据加密方式，再加上证券公司本身的数据加密系统，使得网上证券交易的安全性无懈可击。

14.

别让冲动毁了您的智慧

投资和做人是分不开的。投资是做人的体现和延伸，做人是投资的指导和归依，所以说什么样的人投什么样的资。投资是人生智慧，智慧又有大智慧、小智慧之分。大智慧是根本，是主线，譬如做人、信念、胆略、态度；小智慧是枝叶，是扶持，譬如眼力、心计、习惯。二者相辅相成才能保证整棵树的生命旺盛，枝繁叶茂。

冲动是股票投资的第一大忌，人在冲动之下往往会做出错误决定。所以投资股票时，注意要理性投资，不要让冲动毁了您的智慧。经济学中的理性指的是规避风险的前提下，根据所处的环境选择最满意的方案。要做到理性投资，首先要根据自己的实力和市场选择一个投资方向。那么应如何理性投资呢？

买股票不是买彩票，不是下赌注，一定要看公司基本面，看其实实在在的发展潜力。股市并非遍地黄金，新股未必都能赚钱。中国证监会主席助理吴利军在接受记者采访时这样表示，监管部门对投资者，尤其是中小投资者盲目过度炒新问题十分关注。投资者，尤其是中小投资者要理性参与，不要盲目跟风。证监会近年来一直在倡导长期投资、理性投资，就是希望能改变中小投资者盲目跟风、听消息、炒题材、迷信概念股的局面，改变“赚快钱”、“赚大钱”、“一夜暴富”心态，投资股票要回归常态。以下几个方面的建议会对您有所帮助：

（1）选对股票，建一个适合您的投资风格的股票池子或者仓库非常重要。您不可能跟踪所有的股票。您要仔细地阅读每家公司的年报、中报、季报和其他公开信息，从中选出有良好预期的个股，坚持对他们进行跟踪，在适当的时机采取行动。如果您每天只关注30到40只股票，您的工作量就会相对较小，精力更加集中，操作成功的机会就会大大增加。选股可从以下几个方面入手：季度每股收益是否有大幅的增长。成长性是股市恒久的主题，是股价上涨最主要的推动力；考察增长可否具备可持续；收益增长有无销售增长作为支撑；增长率是否有明显放缓，如果是这样，其股价可能会发生下挫。年度每股收益的增长，连续多年业绩稳定增长30% ~50% 以上的公司是最有可能成为牛股的。当然其收益必须是基本面能支撑而不是非经常收益所得新产品的上市，增加新的生产能力，新的变革，新的管理层，都可能带来好的投资机会，关注行业变化和个股公开消息，机会往往就在其中。

（2）股票好不好跟您选择的操作方式有关。投资者首先需要搞清楚的是自己的操作方式问题，是快进快出，追求短期效益，还是波段操作，低吸高抛，不急于求成。同一只股票，对于一种操作方式可能是牛股，对于另一种操作方式可能是垃圾股。对于波段操作，选择一个适合的时机进行股票投资，只要不是垃圾到极点的股票，都是可以操作的，只要掌握低吸高抛就行。什么是低点？不是历史最低点才可以称为低点。什么是高点？比您买的价格高就是高点。投资股可以很简单，很复杂故弄玄虚似的炒股只是骗人骗己。对于波段操作，最理想的股票就是，质地非常好却由于冷门而处于价格低谷期的股票，可以作为您选股的参考。机构认同度高，机会可能会高一些。

新股民要特别注意股本分割，包括上市公司送红股和转增股份信息。在大盘走稳的前提下，大比例的股本分割可能会带来10% 以上的涨幅。送得

越多越好，最好是10送8或10送10。在方案公布前会有一波上涨，方案执行后也有一波上涨。可以根据这种特点进行建仓或平仓。需要注意的是，当大盘处于弱势时，股本分割有可能被理解成负面预期，从而令股价加速下挫。

投资者要时刻关注热点板块的走势，大盘每一轮上涨都有一定的热点板块带动。如2015年的一带一路板块，2003～2004年是钢铁、有色金属、本地股和科技股等板块，2005年年中是本地股、中小板、股改受益板块和商业板块。大盘强势时，热点机会多一些。大盘弱势时，大多数热点不具有持续性，这时就需要谨慎。

股市的消息是投资者需要关注的另一个重要问题。如果事前有传言，消息出来前股价已有一定涨幅，股价可能对这种预期已经有所反应，这时可能是一个卖出的好时机。如果是突发性的利好，可在技术面条件良好情况下，设置好止损位后可适当介入。如果是负面消息则可能要先出来观望为好。

（3）具体战术操作也决定股票好坏。首先，投入股票的钱应该是无伤痛痒的，就算全部亏掉也不心疼的那种。其次，股票下跌的时候，补仓是一定的，但要有策略。每下跌 20% 以上都值得补仓一次，不要跌一点就补仓，那样没有意义。另外，如果跌的很凶猛，整个市场大环境很差，就等走势较稳定，或者每跌 50% 左右再补仓。做人要大气一点，不要整天纠结于几个点的涨跌幅。抓住这些，剩下的就是等待机遇高抛，就当做马拉松长跑。如果技术面处于空头状态，是一定要斩仓的，不宜持有。

（4）企业价值决定股票长期价格。这句话是我研究价值投资理论之后的一句简单概括，经过这近十年的投资实践，我觉得要想既保持研究股票又要保持一颗平常心，自己必须要有一套对股票价格高低的判断标准，即使使用的是一些简单的判断标准也没关系，重要的是您一定要有，您对市场的价格高低的看法不能依靠是否在大资金的成本之上下，否则一味迷信大资金的力量，如果您交易的主要理由来自大资金的痕迹，您不能一边关注价格，一边又不交易，您很容易陷入频繁的买入之中，因为您没有自己的股票贵贱的标准，这样会使您常常去跟随那些其实跟许多散户同样愚蠢的大资金，在股票市场一般那些以价值发现价值挖掘为出发炒作的大资金才容易成功，才容易实现利润，单凭资金优势企图控制市场脱离了价值大肆炒作，最后结局不会乐观，证券市场越成熟，这点越明显。供给与需求创造价格短期波动，企业内在价值决定长期波动方向。

（5）不要轻易预测市场。判断股价到达什么水准，比预测多久才会到达某种水准容易，不管如何精研预测技巧，准确预测短期走势的机率很难超过60%，如果您每次都去尝试，错了就止损退出市场，不仅会损失您的金钱，更会不断损害您的信心，我觉得应该从基本面入手寻找一些有长期价格潜力的股票，结合一些技术方法适当控制风险尽量长期持住股票，而对于长期的市场走势给予一个轮廓式的评估。

（6）正常心态对待股价下跌。股市的下跌如一月份的暴风雪是正常现象。这句话是彼得·林奇的《战胜华尔街》里的很有名气的一句话。其实股市的下跌如一月份的暴风雪是正常现象，如果有所准备，它就不会伤害您。每次下跌都是大好机会，您可以挑选被风暴吓走的投资者放弃的廉价股票。这句话很形象的说明了股票市场的周期性，人们在春、夏、秋、冬的轮回中不知不觉，而对股票市场的涨跌却经常感到惊讶，其实股票市场的涨跌起伏是多么的正常，只是我们的市场有时它的春天太短，冬天太长，我想这对在东北呆惯的人理解起来倒不会太难。

（7）不断减少交易次数。巴菲特曾讲过“钱在这里从活跃的投资者流向有耐心的投资者。许多精力旺盛的有进取心投资人财富渐渐消失。”其实不管您的理念怎样，是投机者或投资者，这句话都适用。减少您的错误就先从减少交易开始吧。

如果可以，从现在开始，回归理性，不再冲动。抛掉您手中的垃圾股，改掉随意买卖股票和听小道消息买卖股票的习惯。只买基本面有良好预期的股票，只在适当的时机买进有技术面支持的股票，设立止损位和止盈位，做一个详细的计划，总结经验和教训，坚持下来，您就建立了一个良好的获利模式。

15. 蓝筹股与绩优股

“蓝筹”一词源于西方赌场中的筹码。在西方赌场中，有三种颜色的筹码，其中蓝色筹码最为值钱。蓝筹股是指那些有着稳定的现金股利政策、对公司现金流管理有较高的要求、经营业绩较好，具有稳定且较高的现金股利支付能力的公司股票。或者是指长期稳定增长的、大型的、传统工业股票及金融股票。蓝筹股有很多，可以分为：一线蓝筹股，二线蓝筹股，绩优蓝筹股，大盘蓝筹股，中国蓝筹股，还有蓝筹股基金。一、二线，并没有明确的界定，而且有些人认为的一线蓝筹股，在另一些人眼中却属于二线。一般来讲，公认的一线蓝筹，是指业绩稳定，流股盘和总股本较大，也就是权重较大的个股，这类股一般来讲，价位不是太高，但群众基础好。这类股票可起到四两拨千斤的作用，牵一发而动全身，这类个股主要有：长江电力、中国石化、中国联通、宝钢股份、鞍钢新轧、武钢股份等。二线蓝筹，一般来讲，总股本和流通股本比一线蓝筹要小，股价一般较高，机构比较偏爱，但由于价格较高，散户一般不敢碰，像中集集团、上海机场、烟台万华、苏宁电器、盐田港等个股。A股市场中一般所说的二线蓝筹，是指在市值、行业地位上以及知名度上略逊于以上所指的一线蓝筹公司，是相对于几只一线蓝筹而言的。像上海汽车、五粮液、中兴通讯等等，其实这些公司也是行业内部响当当的龙头企业（如果单从行业内部来看，它们又是各自行业的一线蓝筹）。

绩优股主要指的是业绩优良且比较稳定的公司股票。这些公司经过长时间的努力，具有较强的综

合竞争力与核心竞争力，在行业内有较高的市场占有率，形成了经营规模优势，利润稳步增长，市场知名度很高。

股票成为蓝筹股的基本支持条件有：萧条时期，公司能够制订出保证公司发展的计划与措施；繁荣时期，公司能发挥最大能力创造利润；通胀时期，公司实际盈余能保持不变或有所增加。

一般来讲，小盘股不是蓝筹股。因为小盘股往往会被少数投资者控制，即俗称的“庄家”，而蓝筹股由于流通盘、市值都很大，广大普通投资者也能积极参与，这使得市场上很难有“庄家”能操控这类股票，因此具备高流通性、非庄股性。

经过 1996 年、1997 年行情的投资者，最寒心的品种莫过于绩优股。湖北兴化倒下了，四川长虹的宝刀砍不动了，股价也随之腰斩了。不过，绩优股可不一定是蓝筹股，绩优，反映了历史；蓝筹不仅要回顾历史：业绩不能太差，中上水平更要展望未来。没有未来业绩的稳定增长，抬高股价就变成了在沙滩上建高楼，终有倒塌的一天。因此，成长不可忘。

大型公司的股票不一定是蓝筹股，蓝筹股却一定是大型公司的股票。大的公司不一定是好的公司，但规模大却是成为蓝筹公司的必要条件。蓝筹公司在资本市场上受到大宗资本和主流资本的长期关注和青睐，以资产规模、营业收入和公司市值等指标来衡量，企业规模是巨大的。

资产重组，公司业绩大幅提升，这是一般规律。但此成长非彼成长。蓝筹股的成长性，体现于公司优势资源在优势管理的基础上产生的利润增长。一个公司经过资产重组，我们就不得不将之认同为一个新的经济实体的诞生。它的成长性也就体现在新的实体建立后，而不是在新旧实体的转化之间。

蓝筹股不会是多元化经营的公司。多元化的公司，特别是大杂烩式的多元化，必然导致公司在每一领域都不能倾注全力，“全面发展等于全面平庸”。而蓝筹股反映了整个宏观经济的发展脉络，体现了各行各业的基本特征，因此必然具有较大的经营规模，并且在本行业的地位举足轻重，不管是在技术还是在定价方面具有领头导向作用。这样的公司注定是一种专业化经营，而不会是多元化经营，至少不是横向多元化经营。

绩优股就是业绩优良公司的股票。但对于绩优股的定义国内外却有所不同。在我国，投资者衡量绩优股的主要指标是每股税后利润和净资产收益率。一般而言，每股税后利润在全体上市公司中处于中上地位，公司上市后净资产收益率连续三年显著超过 10% 的股票当属绩优股之列。绩优股主要指的是业绩优良且比较稳定的公司股票。这些公司经过长时间的努力，具有较强的综合竞争力与核心竞争力，在行业内有较高的市场占有率，形成了经营规模优势，利润稳步增长，市场知名度很高。

绩优股公司拥有资金、市场、信誉等方面的优势，对各种市场变化具有较强的承受和适应能力，绩优股的股价一般相对稳定且呈阶段上升趋势。因此，绩优股受到投资者、尤其是从事长期投资的稳健型投资者的青睐。投资报酬率相当优厚稳定，股价波幅变动不大。当多头市场来临时，它不会首先股价上涨。经常的情况是，其他股票已经连续上涨一截，绩优股才会缓慢攀升；而当空头市场到来，投机股率先崩溃，其他股票大幅滑动时，绩优股往往仍能坚守阵地，不至于在原先的价位上过分滑降，具有典型的防守性特点。

典型的绩优股炒作与典型的垃圾股炒作正好相反。绩优股的特点是庄家建仓难，但拉抬容易，拉高后只要不主动砸盘，大势也没有出现暴跌，则可以在高位长时间站稳，可以从容出货。所以绩优股炒做的主要矛盾是建仓。绩优股炒做是做价值发现，市场给出一个不合理的低价位是犯了错误，庄家只要抓住这个错误，把它兑现成自己的获利就可以了。建仓过程就是抓住市场错误，这是炒做成功的关键，所以是炒做的主要矛盾。与此对比的是垃圾股的炒做，要想炒做成功要指望炒上去以后有人会犯错误，肯在高位接自己的棒，所以其炒做的主要矛盾在出货。从博弈的角度看，股市竞局要想取胜依赖于对手的错误，对手犯不犯错误和能不能抓住其错误是取胜的关键，是主要矛盾所在。炒绩优股是抓住市场已犯的错误，炒垃圾股是期待市场在未来会犯错误，炒绩优股比较稳健。

垃圾股炒做的基本思路是诱使市场犯错误，绩优股炒做的基本思路是抓住市场的错误充分利用。所以，在炒做思路上绩优股炒做要充分发掘股票的潜力，充分利用上涨空间转化成获利，而垃圾股则要浪费空间，换取散户犯错误。这些特点决定了绩优股的炒做特点，大资金、做长庄、大量收集、稳步拉抬、平稳出货。对一只有巨大上升潜力的股票来说，如果可能，庄家不妨把股票全都收过来，然后拉到合理价位再慢慢出货。实际上虽然不可能把全部股票收到自己手中，但也应尽量多收一些，所以要有大资金。在收集过程中，庄家为了充分利用空间，要低价位收集，所以庄家最怕惊动市场，在自己完成收集前把价格炒上去，牺牲了庄家宝贵的空间资源。一般的做法是隐蔽、长时间吸筹，而比较积极的做法是利用市场下跌逆势吸筹，或主动打压制造恐慌性抛盘，借机吸筹等等。反正庄家要利用一切可能的办法，在低位完成吸筹，完成了这一步，则绩优股的炒做已经完成了一半了。

简单来说：蓝筹股业绩好，规模大。绩优股业绩好，规模不一定大。但绩优股有“五怕”。一怕高价上市。虽然目前市场上新股的发行市盈率大都被控制在了20倍以下的水平，但新股的上市价格却并无规定。一些新发行的所谓“绩优股”，上市之时，凭借其“绩优、成长性好”的招牌，高价开盘，不仅严重地限制了新股上市后的炒作空间，使二级市场的投资者毫无利润可言；而且有的所谓“绩优股”，过分高开，导致股价的高开低走，从而使得二级市场的投资者买进这些新股后成为套牢一族，有的甚至还是严重套牢。二怕年终倒分红。投资者高价持有绩优股一年，只盼年终这些绩优股的上市公司能给投资者以丰厚的回报。然而等投资者盼到年报出台时，这些每股收益达五毛以上、有的甚至还是1元钱以上的公司居然也与那些ST、PT公司一样来了个不分配也不转增，并且这些所谓的绩优公司们比ST、PT公司更缺德的是它们还要推出一个10股配3股（有的配股比例更高），配股价少则十几元，多则二十几元的倒分红方案来，实在是让投资者们深恶痛绝。三怕老总们不思进取。这些上市公司的老总们的年收入少则几十万元，多则上百万元。因此，对于这些上市公司的老总们来说，只要无过，只要能保住自己的乌纱帽，也就心安理得了。因此，他们在企业的经营活动过程中不思进取，于是公司经营活动呆板，反映在股价的走势上也是股价呆滞、股性不活。买进这样的股票其收益还不如 ST、PT 大，这对于投资者来说，实在是一种悲哀。四怕“变脸”。对于如今的绩优公司，投资者们实在是“不知道风从哪个方向吹”。去年还是红得发紫的绩优公司，忽然间变成了垃圾股，有的甚至变成了问题公司。五怕“大出血”。一些绩优股虽然对于中小投资者们如铁公鸡似的一毛不拔，但对于大股东们，它们却出手大方，成为向大股东提供血源的输血机器。

16. 不要把鸡蛋都放在一个篮子中

投资这档子事，集中火力比较威猛还是散弹打鸟比较有效？长久以来，两派不同意见的人一直僵持不下，我们用“鸡蛋”比喻资产，“篮子”比喻标的。资产分配，是一个关键性的投资概念。它的含义是：把您的财产看成是一筐子鸡蛋，然后决定把它们放在不同的地方，一个篮子，另一个篮子……万一您不小心碎掉其中一篮，您至少不会全部都损失。显然这是一种规避风险的方法。

投资领域有个马克维茨派非常著名，其观点是：关注单个投资远远不及监控投资组合的总体回报来得重要。不同的资产类别，例如股票和债券，二者之间可能只有很低的相关性。换句话说，就是他们的表现彼此关联不大。如果您有很多项投资，您就会看到他们的表现一年和一年差别很大。比如，有的年头股票表现不佳，债券表现出色，就像已经过去的2005年一样。而2015年的情况正相反，我们看到了疯狂的股市和隐忍的债券市场。

鸡蛋必须放在不同篮子的主要目的是，使您的投资分布在彼此相关性低的资产类别上，以减少总体收益所面临的风险。

假设在1999年到2003年期间，把1000美元投资在一个多样化的投资组合上得到了正收益。但如果这1000美元完全投资在股票上，则很可能带来负收益。更重要的是，多样化投资组合的波动性更小。在此期间，上方的线条一直更接近1000美元的基线。也就是说，在整段时间内，多样化投资组合的价值不像全股票投资组合的价值变动那么大。想想黄金类股，它们的走势十分不稳定。但是由于黄金类股在其他投资遭遇重挫时往往会逆市上扬，因此把该类股加入投资组合中能够降低投资组合的总体风险。

很多人都认同“不要把所有鸡蛋放进同一个篮子里”这句话是经典，但是投资大师巴菲特就说过：“不要把所有鸡蛋放在同一个篮子里是错误的，投资应该像马克·吐温建议的，要放在同一个篮子里，然后小心地看好它。”斯坦利·德鲁肯米勒是接替索罗斯的量子基金管理人。有一次，斯坦利以德国马克做空美元，当这笔投资出现盈利时，索罗斯问："您的头寸有多少"？"10亿美元"。斯坦利回答。"这也能称得上头寸"？索罗斯说，"当您对一笔交易有信心时，您必须全力出击。持有大头寸需要勇气，或者说用巨额杠杆挖掘利润需要勇气，但是如果您对某件事情判断正确，您拥有多少都不算多"。事实上两种说法都没错，每一种理论都有它的道理。景气好的时候，几乎每一种理论都有效；景气不好的时候，就算再厉害的投资大师，也照样被套到动弹不得。

鸡蛋放在同一个篮子里，然后小心地看好它的假设前提是您具备看好它的能力与胆识。在投资务实里，大多数的市场都有涨跌，只是有跌幅的大小差异而已，越偏离基本面的市场，以后下跌的幅度就越大，除非您找到一个市场式投资标的，它的投资价值可以随着时间的积累呈现正向的增长，您才可以把鸡蛋放在同一个篮子里，然后小心地看好它。很不幸的是，一箱针对民营企业发展的调查显示，大多数的民营企业撑不过七年，很多都撑不过三年就破产倒闭。而股票，处在同一市场中的不同股票，绝大多数品种、绝大多数时间都几乎同时面对同样的系统风险，唯有非系统性存在差异，而从防范风险角度来说，系统性风险永远是第一位的。

您把有限的资金风散在不同股票里和少数股票里，当风险来临时，面对的风险没有太大差别，不过是相当于把一块肉分成了几小块而已，但他仍然会烂在锅里！然而当风险来时逃之夭夭，10 只股显然比 1 只股更牵扯您的决策判断，就像地震来了，您身边就一个孩子抱起来跑出去就是了，要是几个孩子恐怕脱险很困难。道理很简单。

请记住，在股市很成功的散户持股品种都是少而精的。还有，不要抬出巴菲特，因为您一个散户比不得巴菲特，蚂蚁和大象可能活得哲学可以相同，但活法千差万别。不要把所有的资本都投入到一件事情上，应该做多手准备。这样万一这个篮子打破了，也会有别的篮子的鸡蛋剩下。告诫人们进行经济活动时不要孤注一掷，要多留几条后路。

营销专家告诫说，不要把所有的鸡蛋放进一个篮子里，否则一旦市场突然发生变化，企业就可能因产品的崩溃而元气大伤。“不要把鸡蛋放在一个篮子里”这句话是让大家了解风险是很难控制或预测的，为了避免单一市场发生崩盘，巨大损失让我们难以翻身，所以才建议我们不要将资产过度集中在某一个投资标的。2000 年初，全球网络、电讯、科技股发生有史以来最不可思议的崩盘，很多上市公司的股价下跌超过 95% 以上，几乎就要下市了，即便是目前股价还不错的雅虎、亚马逊都曾经跌到只剩下水饺价，大家试想，如果当初您把资金集中在网络、电讯、科技股的投资上，您承受得起那么巨大的损失吗？而2008年，在美国次贷危机影响下，全球经济走势急转直下，如雷曼公司申请破产等，种种危机也波及到我国。我国的房地产、金融市场也同其他许多行业一样，其发展速度、规模与趋势均受到较为强烈的冲击和影响。受信贷紧缩政策影响，土地交易市场遭遇寒流，不少开发商开始从土地大宗交易中脱身。全国出现了许多土地流拍现象，因为一级市场（房地产）不景气，必然波及二级市场（拍卖、中介行业），因此，拍卖业受到的冲击是相当大的，造成全国楼市、地产类拍卖标的成交锐减。中国股市一度从6000余点（沪市）下跌到1900余点，沪市大盘指数在半年时间内下跌了约60%，国内30余万亿市值缩水了一大半，人们戏言：指数与瀑布接轨，投资者与肉铺接轨。股市不景气，直接影响股权拍卖交易萎缩。还有，因为国际原油市场价格飙升，铁矿石、钢材等原材料价格上涨，加剧了车市销售低迷，种种因素也造成汽车类标的的成交情况比上年有一定下滑。凡此种种，均预示着今年拍卖行业进入一个前所未有的冬天，拍卖企业也就面临着前所未有的挑战。在严峻的挑战面前，应该如何应对，如何排除障碍，克服重重困难，打开一条生路呢，重要的原则便是不要将鸡蛋放在同一个篮子里。

股市里很多的投资者，不管或新或老，但都有一个不好的投资持股习惯，就是持股品种过多过滥，这点在一些实盘帖中也比比皆是。如果您问他为什么这样做？他自然会说是在分散风险，东方不亮西方亮，黑了南方有北方。而实际效果呢，好的时候十五个吊桶打水七上八下，不好的时候呢，就甭提了。究其原因，差不多绝大多数人都“受益”于不要把鸡蛋放在一个看篮子里这句经典名言。那么，是这句话错了吗？不是。是您用错了地方。这句话原本是就广泛意义上的投资而言的。比如投资中虚实相济，即有实业经营，也有虚拟投资，既有实物也有期货，即买保险也有储蓄、债券、外汇、股票等等，通过多种投资渠道分散风险，规避周期起落，锁定资产为前提的谋求资产利益最大化。

理财投资是可以采用混搭型投资方式。如采用“银行储蓄 + 短期理财产品”式的组合。银行储蓄是一种最传统的理财方式，除此之外，还可以购买一些短期的理财产品，周期短，收益也较高，稳定性也高。因此，银行储蓄与短期理财产品的组合，能帮您在短期内获得较高收益。采用“货币基金

+固定收益类产品”式的组合，是一种保本投资与风险投资相结合的投资组合，不失为一种获得长期稳定收益的投资理财方式。不少投资网站建议，理财可以遵守“二八原则”，八成资金用于购买货币基金，风险性较小，每日计息，随时用随时能赎回，保证了本金稳定收益，相比银行款利息高；两成资金购买固定收益类产品。投资者若采用“60%固定收益类产品+20%货币基金+20%股票”的组合投资方式进行风险规避，原理是多配置一些固定收益类理财产品，本金有保障的同时，收益也更加稳定，不失为一种稳健的投资理财方式。而采用“50%股票+30%固定收益类产品+20%货币基金”的投资组合方式，则属于一种激进型的投资理财方式。在这种投资组合能让投资者在短期内使投资组合的价值达到最大，不过高风险的产品所占比重较大，投资也需小心谨慎，量力而行。

17. 大话割肉

“割肉”是股市用语，意思是亏本平仓。指高价买进股票后，大势下跌，为避免继续损失，低价赔本卖出股票。止损是割肉的一种，提前设立好止损价位，防止更大的损失，是短线投资者灵活运用的主要方法，新投资者使用此招术可有效防止被深度套牢。北京的王小姐经人推荐以每股 10 元的价位买了某板块的一种股票，投入有 30 万元，本来是期望它涨了价后好赚钱交上买房的首付，但这支股票非但没有涨，还跌到了 9 元，跌幅有 10%。开始的时候，小王怕卖掉后亏损太多，因而很不愿意卖掉。但是随着股价越来越低，最后跌到了每股 5 元。看样子，已经没有涨回到 10 元的可能性了。王小姐彻底绝望了，只好在这个低价位忍痛卖出，遭受损失金额 25 万元，改善居住环境的事只好是继续考虑租房生活了。王小姐在微博上与股友聊起此事时形容好像从自己身上把肉割掉那样疼痛。其实细想这事，投资者在面对股票套牢时，心情往往极其烦躁的情况下，不能够心平气和的静下心来分析问题。割肉只是瞬间之念，或者搁在那里长时间不理。“丢羊心理”尽现眼前。

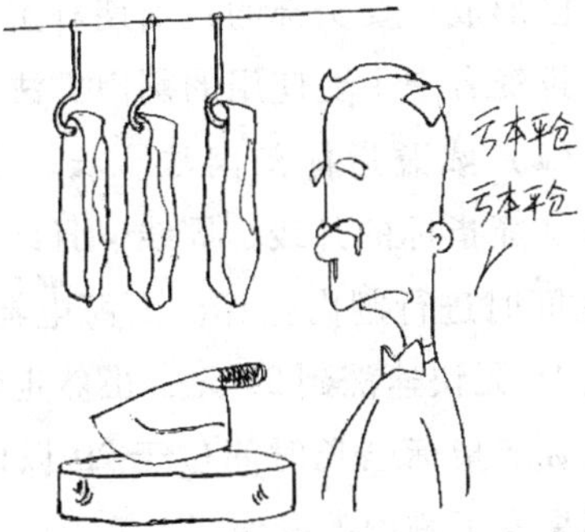

其实书本里的知识还是需要事先学一学的，毕竟那是投资者前人的经验和教训。首先是跌破年线的个股就得果断割肉。年线代表股票的中长期趋势，一旦跌破年线，那么股票的长期走势变弱，后市将持续下跌。越是前期上涨势头强劲的个股，一旦转势，将有一段漫长的下跌过程。此股不能留，需果断斩仓割肉。二是不断创价位新低的新股需要果断割肉。持续创新低的新股，其原因要么是上市时定位过高没有上升的业绩支撑，要么无庄家或者实力机构介入，股价无一定位柱，只能随风摇摆。三是已完成一轮炒作周期的个股需要果断割肉。许多主力股从建仓到拉高、派发，完成一轮完整的炒作周期之后将会沉寂很长一段时间，持股者基本没有炒作空间可言，需要另谋它股重新操作。判断炒作周期已经完成有三个重要依据：整体涨幅过大的；已形成重要头部的；前期有主力诱多行为的。

投资者中主要使用的割肉方法有：

（1）威廉指标割肉法。长、中、短期威廉指标（威廉指标的月线、周线、日线）全部位于0～20区间时进行割肉操作。上海电器在2000年末股价从15元快速涨到24元，虽然走势异常强劲，但日线威廉指标已长时间位于20以内，大多数投资者都采取了割肉的操作。

（2）形态割肉法。通过对股价运行形态的分析，一旦发现股价构筑头部形态，或股价下穿头肩顶或圆弧顶等头部形态的颈线位时，就要进行割肉操作。浦东金桥在2004年初构筑双顶形态后，于2月26日跌破颈线位，坚决进行割肉会避免更大的损失发生。事后证明这一操作非常正确的。

（3）趋势线割肉法。这种方法包括两种：股价跌破上升通道的下轨时进行割肉操作；股价跌穿上升趋势线的切线时进行割肉操作。上实发展在

2004 年 2 月 24 日股价由于上涨乏力，最终跌破上升趋势线，形成破位割肉位。进行割肉操作是最佳时机。

（4）缺口割肉法。不管是上升行情中遇到消耗性缺口或是下跌行情中遇到向下突破形缺口，只要是普通缺口、突破形缺口、持续性缺口和消耗性缺口四种之一，就要坚持割肉操作。ST 天海在 2001 年 7 月 31 日和 8 月 27 日形成的缺口就属于向下突破性缺口。遇到这类股票走势，果断进行割肉会阻止亏损继续扩大。

（5）移动成本分布割肉法。在个股强势行情中往往有一段时间持股者大多能获利，当获利比例超过 90% 后，又重新跌穿 90% 时，要果断进行割肉操作。2000 年网络股行情中的浪潮软件形成历史高点时的获利盘情况，当市场获利盘重新回落时，许多投资者进行了割肉操作。

（6）亏损程度割肉法。投资者根据自己的损失程度进行割肉操作的一种方法。根据损失金额多少决定是否割肉和根据损失程度的百分比决定是否割肉操作，适合投资者的股票已发生亏损但当前的亏损并不大，而且股价在未来可能进一步深跌时采用。也特别适合在牛市末期和追高买入失败时运用。

塞翁失马，焉知非福。在股市，割肉未必就是坏事。因为一次明智的割肉，很有可能成为下一次盈利的开始。就算碰上割了就涨的糟心事，我们还可以安慰自己，割肉是避开风险的好办法。但是，割肉的刀抓在手上，您是否常常感到难于下手？是什么样的心魔让您一而再、再而三地错过止损的机会？面临变数，您的选择是什么？其实在损失面前，人人都像个冒险家。诺贝尔经济学奖获得者、心理学家卡尼曼用其前景理论解读频发的愚蠢心态时，却肯定了人们的不理性行为反而是天性使然。正是人们对事物的判断方式，使得我们有着许多选择偏向。大多数人在面临获得时，往往愿意规避风险，换句话说，人们往往倾向于“落袋为安”的选择；不过在面临损失时，人们却偏爱风险，“赌一把”的心态在人们面对可能到来的损失时，是最常见的选择。当然，还有一条显而易见的倾向，绝大多数人对损失要比获得更加敏感。损失面前人人都变成了冒险家，说白了，还是人们无法直面损失的心态在作祟。

股票的买卖其实是一个不间断的选择过程。每一次的买入和卖出操作，都是投资者对于前景的判断和选择。既然如此，投资者也就很难跳出判断失误的怪圈。曾有统计数据证实，计算投资者持有亏损股票的时间和持有获利股票的时间，前者往往远大于后者。因为割肉就意味着承认损失，而持有亏损股票不抛出，则给自己留下了“赌一赌”的机会。反过来，股票获利后，卖出势必让人感觉安全，所以“拿不住”同样是投资者常常遇到的困惑。有趣的是，即便您的股票处于盈利，割肉的感觉仍然会陪伴您。因为没有一只股票会只涨不跌，而每一次下跌，都会让您感受到一次损失带来的痛苦（别忘记，人们的决策往往着眼于差异而非绝对值）。这正是股市中常常提到的“止盈容易止损难”。手中的股票越套越牢靠，好不容易盈利却拿不住失掉机会。

我们时常能碰到这样的人，每当谈及炒股经验时，他们就会说到其中一条重要的原则是绝不割肉，而是会坚持等待股价回到买入成本之上再卖出。无论是个人还是机构投资者都有可能成为这个原则的拥护者，个人可能是出于自己的性情使然，而机构可能是出于维护统计报表数字的需要。

不割肉的炒股原则折射出一些投资逻辑的误区。首先，每一项投资或者投机活动所要面对的都是未来而不是过去。当一个投资者购买股票时，他更需要关心的是未来能以什么价格出手。股票估值需要考虑未来上市公司的盈利情况、业务增长、现金流和市场要求的资本收益水平；而纯技术分析则需要考虑股票价格在未来可能遇到的压力、支撑及股价演变的路径；证券营业厅门口围在一起切磋的投资者争辩的是庄家的实力和打算。尽管考虑的方向角度和因素各不相同，但所有这些因素都和股票的历史价格没有直接关系，所以您买股票的价格本身其实到是次要的了。其次，当一个投资者紧握住手里的“亏损”股票而不肯退出时，他实际上正在消耗着机会成本。不少人会守着一个套牢的股票几年，就是为了等待反弹出货的那一天。当那天终于来临之时，市场中很多相同行业或者相似板块的股票可能都有很高收益了，那么他用来等待的代价就不光是这几年的时间，还有很多可以获取盈利的机会。

大多数投资者在涉及收益时厌恶风险，但在涉及亏损时追求风险。这就是为什么几乎所有投资者都好像买到过翻一倍甚至翻几倍的股票，但很少有人捂到翻倍。多数人往往在股票涨了 20% ~30% 的时候就抛了，当然还有很多人在这些股票上甚至亏了手续费就卖了。而且很多人好像在自己的股票涨停板时比跌停板时更紧张。一旦在某支股票上发生亏损，人们一定会显得“忠贞不渝”，因为总是希望哪天能反弹解套，所以会对自己说：再等等。

即使真的运气好，反弹到解套，贪欲又会告诉自己：既然解套了，那就再赚10%再抛吧。所以不管下跌中的反弹是高还是低，真正敢于离场的投资者少之又少。如果把炒股比作企业运营，那么炒股可能是生产经营环节最复杂的企业。想炒股游刃有余，您需要懂政治政策，了解宏观经济，知晓行业逻辑；看得懂主要财务数据变化，看得懂日本人发明的各种股票技术图形；还要有时间研究、有足够长时间的经验、有信息来源、有专家圈交流、有闲散资金做“后备部队”、有过硬的心理素质。不少人都押宝或许再把套牢的股票“捂”段时间，自己也能成为股神“巴菲特”，其实这是非常不现实的想法。百姓操作，牛市赚钱，熊市赚股是硬道理。

需要强调的是，要从调整差价大小判断是否值得割肉。换句话讲，就是这个调整是否有20%的空间。如果没有，那么就没有必要进行割肉操作。股票的一进一出，因为有印花税和交易佣金的抽取问题，会显得很不合算。不如耐心等待波段反弹出现的时候再出局更好。一般讲，投资者对待调整差价不好判断，这其中比较好的方式应该采取周K线和日K线两个判断点去比照。割肉是一种迫不得已的痛苦选择，如果不是大势已去，一般不要轻易采用。有不少朋友在跌势刚开始的时候，总认为股票会涨上去，不舍得割肉操作，后来随着整个趋势彻底跌得一塌糊涂了，甚至是跌去30%～50%了，万念俱灰，挥刀割肉，往往不超过多长时间，割肉出去的股票却大涨特涨起来了。这就是没有注意到割肉的技术问题。如果您的股票品种短期跌了很大的幅度，必须会产生反弹，一定要等到反弹到上行压力线的时候再去考虑操作。从投资者手中的具体品种讲，对待有的属于长线资金运作的股，特别是具备复合增长潜力的品种，被套不过是暂时的，完全不需要采取割肉操作。只要长线主力没有出逃，只要上市公司业绩没有完全向坏，而您的资金又不是急需，那就不要随意去割肉。

18. 扫雷游戏

很多初学者在玩扫雷游戏的过程中会遇到无法判断的情况。而老玩家则往往可以一眼看出雷的分布，这是因为，他们总结出了很多数字组合与雷分布关系的经验，对特定局部做过认真的分析，并熟记于心。这样在下次遇见相同或类似的情况时，可以几乎不用思考，靠本能做出处理。股市波谲云诡，高手自在民间。短线操作是股场高手的游戏，要求股市知识功底深厚，熟谙庄家操盘手法，心理素质上佳。更重要的一点，要有时间时刻关注庄家一举一动。短线选股关键在热点，投资者对热点的形成一定要有敏锐的洞察力。短线择股应注意以下几方面：

（1）成交量。量是价的先行者，股价的上涨，一定要有量的配合。成交量的放大，意味着换手率

的提高，平均持仓成本的上升，上档抛压因此减轻，股价才会持续上涨。有时，在庄家筹码锁定良好的情况下，股价也可能缩量上攻，但缩量上攻的局面不会持续太久，否则平均持仓成本无法提高，抛压大增，股票缺乏持续上升动能。因此，短线操作一定要选择带量的股票，对底部放量的股票尤其应加以关注。

在观察成交量方面，卓有成效的分析工具是量比，它将某只股票在某个时点上的成交量与一段时间的成交量平均值进行比较，排除了因股本不同造成的不可比情况，是发现成交量异动的重要指标。也是广大投资者挖掘牛股的重要指标。量比指标的使用应遵守这样几个原则：量比指标线趋势向上时不可以卖出，直到量比指标线转头向下；量比指标线趋势向下时不可以买入，不管股价是创新高还是回落，短线一定要回避量比指标向下的；股价涨停后量比指标应快速向下拐头，如果股价涨停量比指标仍然趋势向上有主力借涨停出货的可能应当回避；量比指标双线向上时应积极操作，股价上涨创新高同时量比指标也同步上涨并创新高这说明股价的上涨是受到量能放大的支撑的，是应当极积买入或持股的；如果股价下跌量比指标上升，这时应赶快离场，因为这时股价的下跌是受到放量下跌的影响，股价的下跌是可怕的；在短线操作时如果股价上首次放量上涨，要求量比指标不可超过5，否则值太大对后期股价上涨无益，如果股价是连续放量，那要求量比值不可大于3否则有庄家出货可能。

（2）图形。短线操作应留意图形的变化。有几种图形值得高度关注：W底、头肩底、圆弧底、平台、上升通道等。W底、头肩底、圆弧底放量突破颈线位时，应是买入时机。这里有两点必须高度注意，一是必须放量突破方为有效突破。没有成交量配合的突破是假突破，股价往往会迅速回归启动位。二是在低价位的突破可靠性更高，高位放量突破很可能是庄家营造的“多头陷阱”，引诱散户跟风，从而达到出货目的。许多时候，突破颈线位时，往往有个回抽确认，这时也可作为建仓良机；

股价平台整理，波幅越来越小，特别是低位连收几根十字星或几根小阳线时，股价往往会选择向上突破；采取上升通道的股票，可在股价触及下轨时买入，特别是下轨是十日、三十日均线时，在股价触及上轨时卖出。此外，还有旗形整理、箱形整理两大重要图形，其操作诀窍与 W 底差不多，这里不再赘述。

（3）技术指标。股票市场的各种技术指标数不胜数，至少有 1000 以上，它们各有侧重，投资者不可能面面俱到，而只需熟悉其中几种便可。常用的技术指标有 KDJ、RSI 等。一般而言，K 值在低位（20% 左右）两次上穿 D 值时，形成金叉是较佳的买入时机；在高位（80% 以上）两次下穿 D 值时，形成死叉，是较佳的卖出时机。RSI 指标在 0 ~ 20 时，股票处于超卖，可建仓；在 80 ~ 100 时属超买，可平仓。值得指出的是，技术指标最大的不足是滞后性，用它作唯一的参照标准往往会带来较大误差。许多强势股，指标高位钝化，但股价仍继续飙升；许多弱势股，指标已处低位，但股价仍阴跌不止。而且庄家利用技术指标，往往进货时指标做得一塌糊涂，出货时指标近乎完美，利用指标进行骗钱几乎是庄家通用的做市手法，因此，在应用技术指标时，一定要综合各方面情况尤其是量价关系进行深入分析。

（4）均线。短线操作要参照五日、十日、三十日三条均线进行判断。五日均线上穿了十日、三十日均线，十日均线上穿三十日均线，称作金叉，是买进时机；反之则称作死叉，是卖出时机。三条均线都向上排列称为多头排列，是强势股的表现，股价缩量回拍五日、十日、三十日均线是买入时机（一定要是缩量回抽）。究竟应在回抽哪一条均线时买入，应视个股和大盘走势而定；三条均线都向下排列称为空头排列，是弱势的表现。不宜介入。

对于初入股市的投资者来说，股市扫雷的方法主要有以下三种可供选择：

方法一，在开盘前，将通过各种渠道得来的可能上涨的个股输入炒股软件的自选股框内，进行严密监视准备。在开盘价出来后，判断大盘当日的走势，如果没问题就可选自己喜欢的个股了。选股过程中应在快速浏览个股后，从中选出首笔量大，或者量比大的个股；而后快速查看这些个股的日（周）K 线等技术指标，做出评价，复选技术上支持上涨的个股作为炒股对象。开盘成交时，紧盯所选有潜力的个股：如果成交量连续放大，量比也大，观察卖一、卖二、卖三挂出的单子都是三、四位数的大单；如果该股连续大单上攻，应立即打入比卖三上的价格更高的价买进（有优先买入权且通常比您出的价低些而成交）；通常股价开盘上冲10多分钟后都有回档的时候，此时看准个股买入，能弥补刚开盘时踏空的损失。如果经验不足，那么在开盘10～15分钟后，综合各种因素，买入具备以上条件的个股会更安全一些。

方法二，首先在每天开盘前的集合竞价当中找出沪、深两市成交量各前五名的股票，在这十只股票中一般会有当天涨停的股票。方法是：去掉新股；酌情去掉0001和类似的龙头股；在余下的股票当中找出当前的热点板块中的热门股，然后结合K线图和各项技术指标分析并确定其是否处于强势位置。但要注意其当日的开盘价涨幅在2%以下，且前期升幅已大的股票要排除在考虑范围之外。此种方法在使用时要注意：正确判定当前股市是处于强势还是弱势；强势可用，弱势不可用。要能把握住当前股市的热点，并能灵活掌握技术分析的方法。预期盈利率定在2%～4%为好（若市场走软时可相应降低，而在极度疲弱的市场中则几乎没有操作的必要）。如果买进当天已经有所获利，并且个股走势相当强（如封上涨停或收在全天最高价附近），则可于次日挂略高于前收盘的价位参与集合竞价，否则可视次日走势相机行事。短线投机者应当坚持的原则是：赚钱是第二位的，不亏钱或尽量少亏钱才是第一位的；卖出后再度上涨的钱理所当然应该由别人赚，咱们只赚取对得起超短持股时间的超短线收益便应该满足了。

方法三，开盘半小时内，打开综合排行榜，盯住量比超过 20 倍的个股。而后是翻开该股日线，首先查看 K 线形态是否彻底摆脱中线下降通道的束缚，紧接着验证是否有突破短线颈线压力的迹象，经目测，如果当前 K 线已完全摆脱这两者的约束，那么投资者才有理由大胆作多，因为市场已给其提供了充分的伸展空间。而后是打开分时图，此时往往会发现开盘价已是当前的最低价，然而，十五分钟内大多数情况下会有短暂回调，应当引起高度重视，迅速打开资金账户，当发现盘中再次放量时应果断挂出比当前价格稍高的买单，此时十有八九您是坐上轿子了。要记住，当机会重复出现时，在同等条件下，选择量比倍数较大的放弃较小的，选择十五分钟内有回调迹象的放弃不回调的，选择摆脱中短线下降通道的放弃尚受下降通道束缚的，选择盘子相对较轻的放弃盘子较大的。总之，短线操作的关键在于开盘前半小时的盯盘，需要有充分的看盘时间与十分娴熟的操作流程，但事实上又没有太多的技巧，当您领悟其中每一道程序的真正含意时，您将无须付出更多的艰辛与勤奋，一样可以得到丰厚的回报。

在实际操作中，如果过早买进底部个股，由于大机构没有吸好货之前并不会拉升，有时可能还要打压，搞得不好就会被套。至于刚突破整理平台的个股，若碰上大机构制造假突破现象，有时也会无功而返。因此，市场中的一些短线高手，如果在个股启动的第一波没有及时介入，他们宁可失去强势股连续上涨的机会，也不会一味地追涨，从而把风险控制在尽可能小的范围内。一般来说，个股放量且有一定升幅后，机构就会清洗短线浮筹和获利盘，并让看好该股的投资者介入，以垫高市场的平均持股成本，减少再次上涨时的阻力。由于主力是看好后市的，是有计划的回落整理，因此下跌时成交量无法连续放大，在重要的支撑点位会缩量盘稳，盘面浮筹越来越少，表明筹码大部分已经锁定，这时候再次拉升股价的条件就具备了。如果成交量再次放大，并推动股价上涨，此时就是介入的好时机。由于介入缩量回调，再次放量上攻的个股短线收益颇高，而且风险比追涨要小很多，因此是短线客常用的操作手法。那么，如何把握这种良机呢？在平时看盘中，投资者可通过股票软件中的量比排行榜，翻看近期量比小的个股，剔除冷门股和下降通道的个股，选择那些曾经持续放量上涨，近日缩量回调的个股进行跟踪。待股价企稳重新放量，且5日均线翘头和10日线形成金叉时，就可果断介入。通常，机构在股价连续放量上涨后，若没有特殊情况，不会放弃既定战略方针，去破坏良好的均线和个股走势。若机构洗盘非常凶狠的话，投资者还可以以更低的价格买进筹码。需要注意的是，此类股票的30日平均线必须仍维持向上的趋势。

在即时盘口分析中，投资者较多使用的是走势图和成交量，而实际上量比指标也是一种比较好的工具。况且使用中当股票出现在量比排行榜上时，一般都已有相当大的涨幅，盘中的最早起涨点已经错过。从盘口的动态分析角度讲，把当日每分钟不同的量比数值描绘在一个坐标中，就形成了量比指标。通过量比指标可以得知当日量比如何变化，同时也能得知当日盘口成交量的变化，进而知道当日的量能相对近段时期量能的变化。要注意，市场及人们的心理在经过一夜休整，新的一个交易日开盘的时候，股价及开盘成交量的变化反差极大。反映在量比数值上就是新一交易日开盘时都显得很不稳定，因此我们应该静待量比指标有所稳定后再采取行动。使用中，当量比指标在分时图上沿着一种大趋势单边运行时突然出现量比急速翘头的迹象，我们认为不必急于采取行动，因为这仅仅是改变原来单一趋势的一种可能，我们可以等待量比曲线明显反向运行后的再一次走平，进一步修正后，再依据量价的更进一步变化采取行动。

19. 看年报就像医生看 X 光片

按照《证券法》的规定，我国境内的上市公司须按照规定的期限公开其年度财务报表。目前须公开的年度财务报表有资产负债表、利润表、现金流量表和所有者权益变动表。其中，资产负债表是反映企业在某一特定日期财务状况的财务报表。利用该报表的信息，投资者可以了解企业拥有或控制的经济资源及其分布情况，并据以分析企业的财务实力；投资者可以了解企业的负债及其结构情况，结合企业的资产及其结构、所有者权益的状况，可以进一步分析企业的偿债能力及其财务风险；投资者可以分析企业财务状况的变化趋势，据此预测企业财务状况的未来走向。利润表是反映企业在一定期间生产经营成果的财务报表。利润表通过一定期间内收入和费用的对比，从而计算出净利润，进而反映企业在该会计期间的经营成果，并为投资者评价企业的经营成果和经营效率、判断资本是否保值增值提供依据。通过前后多期利润表的比较，投资者还可以分析企业经营成果及其构成的发展变化趋势，并据此判断企业在未来期间的盈利能力和发展潜力。现金流量表是反映企业在一定会计期间现金和现金等价物流入和流出的财务报表。现金流量表能够向投资者提供企业一定会计期间内现金和现金等价物流入和流出的信息，从而有助于投资者对企业整体财务状况做出客观评价；便于投资者了解和评价企业获取现金和现金等价物的能力，据以预测企业未来的现金和现金等价物的流入和流出量；现金流量表可以反映企业真实的偿债能力；反映企业财务活动的合理性，预测企业未来发展趋势。所有者权益变动表是反映企业所有者权益的各个组成部分在某一会计期间增减变动及其结果的财务报表。所有者权益变动表能够提供企业实收资本、资本公积、盈余公积及未分配利润的具体形成来源和分配去向，为投资者和相关利益人判断企业资本是否保值增值，资本形成是否合理提供了重要依据。

医生通常会利用 X 光片对病人的健康状况和病因做出专业的判断，而上市公司的财务报表就是上市公司的 X 光片，专业的投资者应该有财务报表的阅读与分析能力。但现实中的投资者在利用财务报表信息时，普遍存在的问题就是缺乏相应的财务报表知识，因而很难做出专业性的判断。而从另一方面讲，上市公司普遍存在着财务数据造假的问题，只不过是轻些重些的问题。况且即使是上市公司遵循了企业会计准则，也会由于会计原则、会计政策和会计估计选择权的客观存在而造成会计数据的失真问题。因而目前在国内还鲜有投资者利用财务报表分析进行股票投资的习惯。但是，随着证券市场的逐步净化和上市公司的会计核算规范，财务数据对于揭示一家上市公司的财务状况和经营业绩的真实表现会越来越重要。

目前倡议投资者利用上市公司对外公布的财务报表数据对上市公司进行偿债能力、营运能力和盈利能力三个方面的评价。但投资者必须清楚这样一个事实：上市公司对外报送的财务数据更像是一种

标准化的数据，它与企业内部管理层掌握的财务数据的深度与精细度是不同的。

（1）偿债能力分析。偿债能力是反映企业财务状况与经营能力的重要标志。如果偿债能力低下，不仅说明企业资金紧张，周转不灵，难以偿还到期债务，日常管理存在问题，严重的还可能面临破产的危险。因此，投资者与债权人都十分重视企业的偿债能力。分析企业的偿债能力，可分别从短期偿债能力与长期偿债能力两方面入手。反映短期偿债能力的指标主要是流动比率和速动比率。

流动比率是企业全部流动资产对全部流动负债的比率关系。由于流动资产减去流动负债就是可供企业日常经营的营运资本。因此，流动比率又称为营运资本比率。它不仅表示短期债权人债权的安全程度，而且还反映企业营运资本的实力。计算公式如下：

$$\text{流动比率}=\frac{\text{流动资产}}{\text{流动负债}}$$

流动比率表示每 1 元流动负债有多少流动资产作为偿付担保。这一比率越高，债权人的债权安全度也越高。从债权人的角度出发，较高的流动比率可以保障债权的安全，但从企业角度出发，过高的流动比率表明企业资产利用率低下，管理松懈，经营观念保守，资金浪费，未能充分利用现有的借款能力扩大经营规模，丧失盈利机会。普遍认同 2 左右的流动比率对于大部分企业来说是比较合适的。这是因为，即使企业的流动资产萎缩了 50%，也不会导致流动负债遭受损失。但是，不同行业、不同企业、不同时期对流动比率的要求都可能是不同的。因此，投资者应结合具体情况有一个适合上市公司所处行业的流动比率水平范畴。

流动比率对于衡量企业的短期偿债能力是很有用的，但较高的流动比率并不一定就有较强的偿债能力。因为，偿债需要现款，如果企业的流动资产中有大量不能及时变现的存货，则仍然不能偿还到期的债务。故人们又开始考虑剔除存货以后的偿债能力，即速动比率。速动比率也称为“酸性试验比率”。它是企业的速动资产与流动负债的比率。其计算公式如下：

$$速动比率=\frac{速动资产}{流动负债}$$

公式中的速动资产是指那些不需要变现或变现过程很短，可以很快用来偿还债务的流动资产，包括货币资产、短期投资、应收票据、应收账款净额、其他应收款等，这些均可作为速动资产。而存货、预付账款则不是速动资产。由于一般企业的预付款项与待摊费用数额都不大，为了计算方便，通常把流动资产扣除存货后的剩余部分视为速动资产。

速动比率是评价企业很快可以变现的速动资产来偿还流动负债能力的指标，它比流动比率更直接，也更确切。通常认同1左右的速动比率是比较合适的，它表明企业每1元的流动负债就有1元的速动资产作为偿债保证，说明企业有足够的能力来偿还短期债务。但在实务中，速动比率也与流动比率一样，各行业、各企业都有一定的差异，企业应视具体情况确定合适的比率。

长期负债通常在企业债务中占有相当大的比重，构成了企业的主要债务。反映这些债务偿还能力的指标有很多。主要有资产负债率和资本金负债率。其中，资产负债率是企业负债总额与资产总额的比率。主要反映企业的负债占总资产的比重。计算公式如下：

$$资产负债率=\frac{负债总额}{资产总额}\times 100\%$$

资产负债率的高低对企业的债权人与企业的投资者有不同的影响。从债权人的角度看，应该是越低越好，因为负债比例越低，债权人的收账风险越小，企业的偿债能力也就越强。企业的资产总额必须大于负债总额，资产负债率应该保持在 40% 左右比较合适。随着负债比例的增加，企业偿债的压力会越来越大。如果大于 100%，则说明企业资不抵债，财务陷于困境。

资本金负债率是企业负债总额与资本金总额的比率。其计算公式如下：

$$资本金负债率 = \frac{负债总额}{资本金} \times 100\%$$

公式中的负债总额包括流动负债和长期负债，资本金通常指企业的实收资本。

资本金负债率既是评价企业用资本金偿还全部债务能力的指标，又是衡量企业负债经营是否安全有利的指标。在我国，企业一般都实行有限责任制，其资本金可以全部用来偿还企业的债务。因此，资本金负债率在 100% 以下时，应该是有偿债能力的。但什么样的资本金负债率对企业负债经营比较安全有利，应结合企业的具体情况加以分析判定。当企业的资产收益率大于负债成本率时，负债经营有利于提高资本金的收益率，此时，资本金负债率高一些对企业有利，但一般不得超过 200%；当资产收益率低于负债成本率时，资本金负债率越低，对企业越有利。因为这样可以减少负债成本率高于收益率而给企业所有者带来的额外负担。

（2）资金周转状况分析。由于企业资金周转状况的好坏，直接关系到企业的经营活动能否顺利开展、收益目标能否实现、到期债务能否如期偿还。因此，企业的管理者、债权人以及投资者都对企业的资金周转状况十分关注。

存货周转率。存货是流动资产的主要组成部分，通常占全部流动资产的较大比重。存货又是流动资产中变现速度最慢的资产。存货资产周转速度的快慢，不仅直接影响到流动资产的周转速度，而且对企业最终经济效益的实现也具有不可低估的影响。需要说明的是，周转率也叫周转速度，包括周转次数与周转天数两个具体指标。周转次数，反映一定时期内资产循环的次数。周转天数是指每完成一次周转所需要的时间。周转次数越多，周转天数就越少，这样，周转速度就越快。存货周转率，是用一定时期企业的销货成本与存货平均余额之比来计算的。其计算公式如下：

$$存货周转次数=\frac{销货成本}{存货平均余额}$$

$$存货周转天数=\frac{计算期天数}{存货周转次数}$$

在正常情况下，存货周转次数越多，周转天数越少，表明企业货畅其流，存货管理质量较高。如果存货周转速度较慢，则表明企业可能存在存货积压，存货管理存在问题。存货周转的快慢与企业的经营环节有着密切的联系，它综合地反映了企业经营各个环节的管理工作质量。

应收账款周转率是指企业赊销收入净额与应收账款平均余额之比。计算公式如下：

$$应收账款周转次数=\frac{赊销收入净额}{应收账款平均余额}$$

$$应收账款周转天数=\frac{计算期天数}{应收账款周转次数}$$

应收账款周转率指标，反映了应收账款的回收速度，周转速度越快，表明企业应收账款管理质量越高，对企业越有利。但到底怎样的周转率水平才属于周转速度快呢？这并无可以机械参照的固定数据，在进行资产考评时，通常可与本企业的目标计划、上期实际、同行业先进水平等进行比较评价。

（3）盈利能力的分析。获取利润是企业经营的最终目标，也是企业能否生存与发展的前提。它不仅关系到投资者的利益，也关系到债权人以及企业经营管理者的切身利益。因此，获利能力是企业投资者、债权人、经营管理者共同关心的又一个重要指标。盈利能分析指标主要有总资产报酬率、净资产报酬率、销售利润率、成本费用利润率和市盈率。

总资产报酬率指标是反映企业资产的营运效

果，企业运用资产获取利润能力的重要指标。其计算公式如下：

$$\text{总资产报酬率}=\frac{\text{利润总额}}{\text{全部资产平均余额}}\times 100\%$$

该指标越高，表明企业平均每百元资产所实现的利润多，资产质量高，收益能力强。

净资产（或权益资金）利润率指标反映企业的净资产与利润之间的比率关系。其计算公式如下：

$$\text{净资产利润率}=\frac{\text{利润总额}}{\text{净资产平均余额}}$$

这是一项衡量企业资本获利能力的指标。该指标越高，所有者的投资收益和国家的所得税就增加。对股份有限公司来说，提高净资产利润率，还意味着股票的升值。

资产报酬率和净资产利润率指标没有绝对的评价标准，行业不同、时期不同，其指标要求都有所差异，因此，企业可结合行业特点、目标计划、同行业的先进水平以及历史的最好水平等进行比较评价。

销售利润率指标是从销售的角度来分析企业的获利能力的重要指标，是企业利润总额与销售收入额之间的比率关系。其计算公式如下：

$$销售利润率 = \frac{利润总额}{销售收入额} \times 100\%$$

这一指标反映每百元销售收入可实现的利润额，该指标越高，表明企业经营成果越好。

成本费用利润率指标是以企业的利润总额与成本费用总额对比来反映所得与所耗的比率关系。其计算公式如下：

$$成本费用利润率 = \frac{利润总额}{成本费用总额} \times 100\%$$

公式中，成本费用是指销售成本、销售税金、期间费用之和。可以直接用销售收入减去营业利润求得。由于成本费用是企业为了取得利润而付出的代价，因此，这一比率越高，说明企业为获取利润而付出的代价越小，获利能力越强。它不但可以用来评价企业获利能力高低，还可用来衡量企业对成本费用的控制和管理水平。

市盈率是指普通股每股市价为每股收益的倍数，其计算公式如下：

$$市盈率 = \frac{普通股每股市价}{普通股每股收益}$$

需要说明的是，市盈率是投资者普遍关注的指标，该比率反映投资人对每元净利润所愿支付的价格是多少。投资者可以用来估计股票的投资报酬和风险大小。它是市场对公司的共同期望指标。市盈率越高，表明市场对公司的未来越看好。在每股收益确定的情况下，市价越高，市盈率越高，风险越大；反之亦然。西方国家市盈率水平基本保持在16左右，而我国境内企业的市盈率基本保持在27左右。显然这个比例有些过高了，但它并不意味着投资风险的加大。市盈率指标有一定的局限性。该比率是以某一时点的股票市价与某一时期的每股收益进行比较，信息在时间上的差异为投资者进行投资分析带来一定的遗憾；另外，各上市公司的税负、价格、还贷等政策不尽相同，所以每股收益确定的口径也就不一致，这就为运用该指标在各公司之间进行比较带来一定的困难。同时，过高的市盈率还极有可能是庄家炒作的结果。

20.

国外的标准到中国不灵

记得奥运会售票系统在中国投入使用仅不到两个小时就几乎陷于瘫痪，因为这个售票系统从来没有承受过这么大的买票群体。国内股市诞生于改革开放初期，目前是一个比较成熟的股票交易市场。虽然交易规则大多源于国外，但原封不动不加以改造地拿到国内直接使用还真不灵。一个喝二锅头长大的孩子很难适应白兰地加苏打水的味道。其实，国内股票市场和国外股票市场是一个相互学习的过程。涨跌停板的规则目前被西方许多国家引进和竞相模仿。应该反对那种完全西化、不加鉴别、不加消化的全盘吸收做法。国内股市许多规则比国外股市更有约束作用，同时国内股市的特有特征与交易习惯并非所谓的缺陷或者说是问题，而应该是特有的习性。投资者要学会习惯。投资者应该对国内股票市场的规则有更多更深入的了解和把握。

国内A股市场有一个特点是容易被大资金或机构操纵，说这一点并不是说相关的监管机构管理不力，而是监管有一定难度。在西方发达的经济体中，股票市场中基本是机构与机构、大资金与大资金进行博弈，而在国内A股市场上就不是这种情况了，国内A股市场上基本是大资金与散户或是机构与散户，只要您到交易大厅当中去看看您就明白了。正是这种阵容导致了监管的难度，从而形成了市场的不稳定性，次级债务来自美国，但美国的股市并没有跌多少，反而是中国的股市跌了又跌。追涨杀跌是A股市场的明显特征，且是一种不理性不成熟的表现。2007年当时的市场环境是通胀已经有所凸现，英明的管理层果断出手加息，这时的加息非常及时，他有效的抑制了通胀的抬头，但却没有拉住股市这匹狂奔的烈马，反而使部分失去理智的投资者更加疯狂。正是这种疯狂导致当年10月16日上证指数在6124.04点做出高点后，在美国次级贷的背景下，疯狂暴跌，一年左右的时间，创造了6124.04到1664.93的最大跌幅记录。

股市当中到底有没有规则，答案是肯定的。股市的运行就像物理上的波一样，波有波峰和波谷，股市有顶和次级顶。次级顶自然也没有主顶高，赚

钱效应自然会越来越弱，这就是所谓万物皆规则。其实股市当中波浪理论的基础同样是波的特性，波的运行会越向后越弱，原因是它是一种阻逆震荡，次级顶会越来越低，原因是它受外力影响，这个外力中主要的是货币政策。1990 年的低点 95.79 到 1993 年的高点 1558.95，这是一个波浪，而从 1990 年到 1993 年 7 月，银行的年利率从 7.56% 一直上调到 10.98%，利率的上调给企业带来了高的成本，业绩受影响是肯定的，这就像波浪遇到障碍物一样，所以形成了国内经济运行的放缓，1993 年股市从高点 1558 跌到 1994 年的低点 325，而从 1993 年到 1997 年，银行的年利率从 10.98% 下调到 5.67%，然后又从 5.67% 下调到 2002 年的 1.98%，这个年利率可以说是中国建国以来的最低年利率，这个低利率就像一个助推器，让企业的发展再次获得动力，业绩快速增长，引发中国经济再一次快速发展。中国经济的快速发展引发股市从1994年的低点325震荡上攻到2001年的高点2245，这是低利率的刺激效应，从波的特性上来讲，是外力参与的结果。当货币政策再次进行干预时，波的正常运行规则被打破。2002年利率从1.98%上调到2004年的2.25%，货币政策的影响再次引发了中国经济运行的放缓。而经济运行的放缓必然会在股市上得以体现，2001年大盘从高点2245下跌到2005年的998低点，这当中利率基本变动不大。2005年到2006年中国资本市场开始大型股权分制改革，再次为企业的发展打了一针强心剂。股市从2005年的低点998上攻到2007年的高点6124，这次上攻来的太快，英明的管理层再次动用货币政策，5.30暴跌就发生在这当中，但没有让高烧的股市停下来，倒是2008年美国的次级贷风波引发的全球金融风暴让中国的股市再次出现多杀多，指数从2007年的高点6124一直跌到2008年的低点1664才止跌，这场杀跌让大部分投资者看到了股市当中的风险，直到现在也没有恢复原气。在股市从6124下跌到4778又反弹到5500点左右时，便有人预测中国的股市会跌到3000点甚至更低，但当时没有几个投资者相信，可后来的走势验证了这一切。一句话，规则准不准，市场说了算。

在国内股市形势的判断中，是牛市还是熊市，这样的问题经常挂在投资者们的嘴边。很多投资者每天也都在为目前及未来的股市到底会走牛还是走熊而分析论证、争论不休。投资者若想正确看清一个时期内市场的走势特点和整体走势脉络，并且在实际中能有效把握好市场投资机会。许多投资者都会把国内股市中的牛市再分为超级牛市和局部牛市，股市中的熊市也同样再分为超级熊市和局部熊市。从以往的经验数据看，牛市周期的时间跨度为两至三年左右；熊市运行时间跨度为一年半至两年左右。在分析某一时间段的市场位置（估值水平）是高还是低时，投资者们除了要看当时的股市平均市盈率等财务指标高低外，更重要的是还必须要注意该时间段的市场具体是处于股价涨跌循环周期的哪个位置。就国内股市的大循环周期统计数据来看，股市处于大上涨周期时，它的顶部平均市盈率大致在 50 ~ 60 倍的水平，小盘股的平均市盈率更可达到 80 ~ 100 倍；大盘进入到大的下降通道后，则未来的大盘底部位置的平均市盈率往往在 12 ~ 15 倍水平，小盘股的平均市盈率在 20 倍左右，大盘股的平均市盈率在 8 ~ 10 倍；而历史长河统计的平均市盈率在 30 倍左右。因此，在上涨周期中，如果当时的市场平均市盈率是处于 35 倍的水平，投资者们可以说：目前的股市估值水平很低、后期还会逐渐上涨、后期还会有很大的上涨空间。即使是市场平均市盈率已经达到 40 倍，投资者仍可以大胆做多。投资此时的操作策略应该是逢低买入并中线阶段性持有。同理，当大盘前期已经见大顶大盘进入到下降周期，那么当大盘跌到平均市盈率为 28 倍时，此时的大盘点位是高还是低？投资者们反而要说此时的大盘点位还很高、大盘距离未来的底部低点还很遥远。因为当大盘进入到大的下降通道后，则未来的大盘底部位置的平均市盈率往往在 15 倍左右，在这种情况下大盘才可言接近底部。因此，在此种 28 倍平均市盈率的市场投资者应该主要做空才对。个股股价也是一样。无论是个股股价还是大盘指数，判断它目前位置是高还是低，绝对不能与之前的高价位或之前的低价位去教条的比较，而应该看它之前的走势是属于见大顶后的下跌走势，还是属于见大底后的上涨走势，这一点极其重要。作为一个高水平的投资者，绝对不能简单地根据股市目前的平均市盈率是多少来判断目前的大盘位置是高还是低、未来的市场是应该涨还是应该跌，而要看“目前的股市是在大盘循环周期的哪个位置!”当然更不能根据目前股市的平均市盈率是比历史长河中的平均市盈率高还是低，来判断股市目前的估值水平是高了还是低了。

国内股市到目前为止总共出现了两次超级牛市，一次是1996年初到1997年5月的超级牛市，一次是2006年初到2007年10月的超级牛市。这两次超级牛市中，作为最具影响力的上证指数，1996年初到1997年5月的超级牛市上证指数上涨了3倍，2006年初到2007年10月的超级牛市上证指数上涨了5倍。并且这两次的超级牛市都复合投资者们前面对超级牛市的定义。在两次超级牛市之间，一般要产生两次局部牛市，并且两次局部牛市往往是先产生A类股票的局部牛市，后产生B类股票的局部牛市。1996年1月到1997年5月的超级牛市见大顶后，1997年5月至1999年5月的大盘下跌就属于1997年超级牛市见大顶后的第一轮超级熊市下跌；2006年至2007年的超级牛市见大顶后，2007年10月至2008年10月的大盘下跌就属于2007年超级牛市见大顶后的第一轮超级熊市下跌。2008年国际金融危机的超大利空影响，因此只用一年时间就完成了超级熊市下跌；而1997年超级熊市见大顶后的超级熊市走了两年。而第一轮超级熊市下跌结束后，接下来股市将进入到A

类股票的局部牛市。由于前期的超级熊市是所有股票共同暴跌，因此A类股票的局部牛市的第一阶段是所有股票都同时进行超跌反弹性质的普涨，该周期大致占A类股票的局部牛市总时间的三分之一。之后B类股票超跌反弹行情结束进入到再次的大下跌周期中，而A类股票经过阶段下跌震荡后将继续震荡创新高上涨，继续着A类股票的局部牛市走势，该牛市的时间周期一般会运行两年时间。换句话说，如果将A类股票单独编一个指数，则该指数的走势形态是属于“创前轮牛市点位新高”的超级牛市。两年左右时间后，A类股票再见超级大顶，而B类股票在A类股票局部牛市运行的中段及后段已经对抗震荡下跌了很长时间，在A类股票见局部牛市大顶时，B类股票的股价已经跌到了接近局部底区域或局部熊市的后期。由于该A类股票的局部牛市前三分之一时间段是A、B两类股票共同超跌反抽上涨，后三分之二时间是A类股票不断上涨，而B类股票不断震荡下跌，因此若看综合的上证指数则该局部牛市指数不会涨很多、但若将A类股票单独编一个指数则该指数走的就将是超级牛市。

分账号对倒和T+1是国内股市一个特有现象。国外成熟的股市其信用制度非常完善，加之投资者的队伍并不像国内这样庞大，因而不存在分账号炒作的问题。大部分国家当天买可以当天卖。当天卖出如果买别的股票是 T+3，当天卖出仅能买入当天卖出的股票则是 T+0，这种制度最大的好处就是会使庄家无法操纵股价，而目前国内 T+1 的制度有助于庄家操纵市场。若星期五个股快速上涨，星期天推荐，散户星期一买进，当天冲高回落，星期二开盘即低开，将散户套住。若 T+0，则很难套住散户，对庄家不利。怎样证明庄家分账号对倒哪？从目前接触的案例来看，被证监会处罚的庄家坐庄一般会用 3000～9000 个账户对倒，出货阶段统计月换手率在 200%～300% 之间，年换手率在 800%～900% 之间。但如果统计沪深绝大多数个股实际换手率都在 700%～800% 之间。同样的换手率如果不用同样数量的账号很难，只能推理证明庄家分账号炒作而没有确实的证据。但这已是公开的秘密。发达国家一般牛市换手率 150% 左右，熊市 50% 左右。但世界联交所统计的中国股市换手率年 150% 左右，这个指标其实并不实际，原因是只有国内有名义流通盘和实际流通盘的差异。正因为国内股市存在个人操纵的机率，所以国内股市远比国外有暴利，利用中国股市所谓转轨时期获取暴利的案例屡见不鲜。

21. 换手率

换手率是指在某一个交易日中，某只股票当日的日成交量（成交股数）除以该股的流通股本计算得出。每只股票随每一日的日成交量的不同而出现不同数值大小的换手率。换手率体现出某只股票的市场人气。通常情况下，换手率愈高，意味着该股的股性较活跃，反之，则股性呆滞，鲜有市场追捧，换手率较高的股票多为市场热门股，题材股或庄股，因此是短线或者阶段性操作的最佳对象。换手率是对日成交量研究的一种科学的量化表述。专业分析人士通过对深沪市场1000多只股票每日换手率的长期跟踪和观察，发现绝大多数股票的日换手率集中在1%～20%之间，大约70%的股票的日换手率低于3%。也就是说，3%是一个重要的分界，3%以下的换手率非常普通，通常表明没有较大的实力资金在其中运作。当一只股票的换手率在3% ~7%之间时，该股已进入相对活跃状态，应该引起投资者的注意。7% ~10%的日换手率在强势股中经常出现，属于股价走势的高度活跃状态。这些股票正在或者已经受到市场普遍关注。日换手率10% ~15%的股票如果不是在上升的历史高价区或者见中长期顶的时段，则意味着强庄股的大举运作，若其后出现大幅的回调，在回调过程中满足日最小成交量或者成交量的1/3法则或1/10法则，则可考虑适当介入。而当一只股票出现超过15%的换手率后，如果该股能够保持在当日密集成交区附近运行，则可能意味着该股后市具潜在的极大的上升能量，是超级强庄股的技术特征，因而后市极有机会成为市场中的最大黑马。

换手率的变化分析应该说远比其他的技术指标比较和形态的判断都更加可靠。换手率的高低不仅

能够表示在特定时间内一只股票换手的充分程度和交投的活跃状况，更重要的是它还是判断和衡量多空双方分歧大小的一个重要参考指标。低换手率表明多空双方的意见基本一致，股价一般会由于成交低迷而出现小幅下跌或步入横盘整理。高换手率则表明多空双方的分歧较大，但只要成交活跃的状况能够维持，一般股价都会呈现出小幅上扬的走势。对于换手率的观察，投资者最应该引起重视的是换手率过高和过低时的情况。过低或过高的换手率在多数情况下都可能是股价变盘的先行指标。一般而言，在股价出现长时间调整后，如果连续一周多的时间内换手率都保持在极低的水平，则往往预示着多空双方都处于观望之中。由于空方的力量已经基本释放完毕，此时的股价基本已进入了底部区域。此后即使是一般的利好消息都可能引发个股较强的反弹行情。

各国证券市场的换手率都不相同，相差甚远。相比之下，中国股市的换手率位居各国前列。股票的换手率越高，意味着该只股票的交易越活跃，人们购买该只股票的意愿越高，当属热门股票；反之，股票的换手率越低，则表明该只股票少有关注，属于冷门股票。换手率高还意味着股票的流通性好，进出市场比较容易，不会出现想买买不到、想卖卖不出的现象，具有较强的变现能力。然而值得注意的是，换手率较高的股票，往往也是短线资金追逐的对象，投机性较强，股价起伏较大，风险也相对较大。将换手率与股价走势相结合，可以对未来的股价做出一定的预测和判断。某只股票的换手率突然上升，成交量放大，可能意味着有投资者在大量买进，股价可能会随之上扬。如果某只股票持续上涨了一段时期后，换手率又迅速上升，则可能意味着一些获利者要套现，股价可能会下跌。相对高位成交量突然放大，主力派发的意愿是很明显的。然而，在高位放出量来也不是容易的事儿。一般伴随有一些利好出台时，才会放出成交量，主力才能顺利完成派发，这种例子是很多的。新股上市之初换手率高是很自然的事儿，一度也曾上演过新股不败的神话。然而，随着市场的变化，新股上市后高开低走成为现实。显然已得不出换手率高一定能上涨的结论，但是换手率高也是支持股价上涨的一个重要因素。底部放量的股票，其换手率高，表明新资金介入的迹象较为明显，未来的上涨空间相对较大，越是底部换手充分，上行中的抛压越轻。此外，强势股代表了市场的热点，因而有必要对他们加以重点关注。

一般而言，新兴市场的换手率要高于成熟市场的换手率。其根本原因在于新兴市场规模扩张快，新上市股票较多，再加上投资者投资理念不强，使新兴市场交易比较活跃。换手率的高低还取决于以下几方面的因素：一是交易方；二是交收期，交收期越短，换手率越高；三是投资者身份。以个人投资者为主体的证券市场，换手率往往较高；以基金等机构投资者为主体的证券市场，换手率相对较低。

挖掘领涨板块首先要做的就是挖掘热门板块，而判断是否属于热门股的有效指标之一便是换手率。投资者在选股的时候可将每天换手率连续成倍放大的个股放进自选股中，再根据一些基本面以及其他技术面结合起来精选出其中的最佳投资对象。需要注意的是，首先要观察其换手率能否维持较长时间。较长时间的高换手率说明资金进出量大，持续性强，增量资金充足，这样的个股才具可操作性。而仅仅是一两天换手率突然放大，其后便恢复平静，这样的个股操作难度相当大，并容易遭遇骗线。其次是要注意产生高换手率的位置。股价在高位出现高换手率则要引起持股者的重视，很大可能是主力出货，或是主力拉高建仓；而在股价底部出现高换手则说明资金大规模建仓的可能性较大，特别是在基本面转好或者有利好预期的情况下。投资者操作时可关注一直保持较高换手，而股价却涨幅有限（均线如能多头排列则更佳）的个股。根据量比价先行的规律，在成交量先行放大，股价通常很快跟上量的步伐，即短期换手率高，表明短期上行能量充足。形态上选择圆弧底，双底或者多重底，横盘打底时间比较长，主力有足够的建仓时间，如配合各项技术指标支撑则应该引起投资者的密切关注。

对于高换手率的出现，投资者还应该区分高换手率出现的相对位置。如果此前个股是在成交长时间低迷后出现放量的，且较高的换手率能够维持几个交易日，则一般可以看作是新增资金介入较为明显的一种迹象。此时高换手的可信度比较好。由于是底部放量，加之又是换手充分，此类个股未来的上涨空间应相对较大，同时成为强势股的可能性也很大。如果个股是在相对高位突然出现高换手而成交量突然放大，一般成为下跌前兆的可能性较大。这种情况多伴随有个股或大盘的利好出台，此时，已经获利的筹码会借机出局，顺利完成派发，利好出尽是利空的情况就是在这种情形下出现的。对于这种高换手率，投资者应持谨慎态度。

除了要区分高换手率出现的相对位置外，投资者还要关注高换手率的持续时间，是刚刚放量的个股，还是放量时间较长的个股。多数情况下，部分持仓较大的机构都会因无法出局而采取对倒自救的办法来吸引跟风盘。对于那些换手充分但涨幅有限的品种反而应该引起警惕。但对于刚刚上市的新股而言，如果开盘价与发行价差距不大，且又能在较长时间内维持较好的换手，则可考虑适时介入。

庄家操纵股价，通常要通过复杂的运作才能如愿，从建仓、拉抬到出货的三步曲中，打压、拉高、震仓等手法都会始终贯穿其全过程，对应的换手率大小也会出现不同的变化。不同的阶段行情，对应不同的换手率，同时也蕴涵着不同的技术意义。国内的投资者必须具体分析并洞悉庄家的意图，才能把握进出机会，最终获利。

从实战看，处于地量的股票经较长时间的趋势性下跌，股价跌幅已较大，庄家早已出逃，追涨者深度被套，几乎没有人愿意参与买卖，成交量长期低迷不振，换手率长时期低于某一标准值。而这种状况的出现，往往又是庄家卷土重来的绝好时机。主力吸筹往往在筹码分布上留下一个低位密集区。当一只股票出现超过15%的换手率后，如果该股能够保持在当日密集成交区附近运行，则可能意味着该股后市具潜在的极大的上升能量，是超级强庄股的技术特征，因而后市有机会成为市场中的最大黑马。大多数情况下，主力完成低位吸筹之后并不急于拉抬，甚至主力要把股价故意再做回到低位密集区的下方，所有投资者处在浅套状态，护盘相对容易一些。一旦时机成熟，这个穿越过程极易。如果主力巨量持仓的话，盘面上不会出现太多的解套抛压，即股价上穿密集区而呈现无量状况，这个时候投资者应该知道该股已由主力高度持仓了。

与上面有所不同，底部与低点状况的低换手率的当前行情是处于多头市场，即 72 日、120 日或 250 日均线呈多头的上行排列，主力资金已积极介入并持有了一定的筹码，回调仅是技术性的震仓或洗盘，目的是再次吸纳或清出浮动筹码，提高参与者的平均持股成本，以便未来拓展获利空间。当行情作波段性调整时，多数人喜欢用传统技术指标或黄金比来预测可能的下跌位，但一些重要的技术点位常常被主力刻意打破而失效的情形是常有的事，使人在技术上产生诸多疑惑。而换手率在此时却显得极有效真实，往往成为行情分析洞悉庄家行为的主要控制因素：此时平均成交量（换手率）逐步萎缩到某一极限，表明多空双方衰竭。要卖的已卖出，不卖的短期也不会抛出，市场已没有多少资金再愿参与交易，庄家震仓或洗盘目的基本达到，反转继续原趋势上涨是主旋律。此时的低换手率预示着一旦价格企稳带量上涨，则是介入良好时机。大的成交量可以被人为的制造出来，但萎缩的成交量，尤其是地量级的低换手则是最真实的。庄家在拉升前，为免拉升时因抛压过大而影响做庄甚至失败，需要不断地确认上挡的抛压，而大部分筹码能保持良好的安定性是庄家所希望的。从技术上讲，低换手率间断性出现，是判断锁仓程度的唯一有效手段。这一阶段中，若低换手率间断性出现，可能是主升段跟庄的讯号，参与一段快速而又刺激的涨升行情。

高位高换手，是指股价在相对的高价位，换手率到达10%及以上的情形。但应分两种情况具体分析对待：一是次高位高换手，是指庄家成本涨幅小于30%～40%的高换手情形。机构或庄家除运用常规手法洗盘外，在次高位的高换手洗盘的方式也常被采用，且显得更为有效：在连续几日长阳上涨后，再度高开快速高走，甚至急冲涨停，但支持不久被打开，全天一路低走，换手陡然放大。二是高位高换手，是指涨幅距庄家成本30%～40%以上时的高换手情形，且换手也不局限于10%以上，6%～8%以上也可能出现。当出现高位高换手行情后，股价滞涨，原趋势也发生明显逆转时，只有一个市场意义，庄家正在或已经出货。高位低换手的情况大多是股价涨幅较大，但平均换手率低，形成量价背离，明显不足以维持高位的股价，但股价却并不下跌或跌幅较小。这通常是高控盘股的特征，表明庄家短期内并不急于出局，或志在高远，一旦携量向上突破，涨幅更为壮观。

换手率高的情况大致分为三种：一是相对高位成交量突然放大。二是新股在上市之初换手率高是很自然的事儿。三是底部放量，价位不高的强势股，其换手率高的可信程度较高，市场的特点是局部反弹行情，换手率高有望成为强势股，强势股就代表了市场的热点。而对于换手率高的个股也要有所区分，一种是刚刚放量的个股，另一种是放量时间相对较长的个股。对于放量的个股如果满足了重股价、重股本结构的条件，越及时介入越好。但如果只是充分换手就是不涨，反而应该引起投资者的警惕，或者调低对其的盈利预期。而对于一批面临退市风险的 ST 股，尽管它们的换手率也很高，但还是敬而远之为好，由于其未来的风险实在较大，主力对倒自救吸引跟风也就是一种无奈的选择。

实际上，无论换手率过高或过低，只要前期的累计涨幅过大都应该小心对待。从历史观察来看，当单日换手率超过 10% 以上时，个股进入短期调整的概率偏大，尤其是连续数个交易日的换手超过

7%以上，则更要小心。

需要注意的是，如果一个强庄握有大量的某种股票，一般是不会每天大量进出的，这些股票在他们手中一般都会起到锁仓的作用。其平时换手率高说明锁仓度不高，比较活跃的表现主要是庄家进进出出赚差价。而如果一支股票的换手率低，则是说明庄控盘度极高。且大多数筹码在庄的手中只是用来锁仓的，真正出来流通的并不多。这种股票的特点是比较平稳，风险比较低，收益相对也小一些。但这种股票发起威来也是很厉害的，短期内庄家自认为比较主动，但从长期来看，庄家想出货的话也不是那么容易的，没人能接得住这么大的盘，反而容易引起盘面的激烈变化。

22. 大话捉“黑马”

作者每次进单位餐厅用餐时都要与几个铁杆投资者讨教一番，并怯生的问道“炒股是否需要理论哪?”得到的回答都是出奇的一致“教材顶个屁用!”而有位颇受尊敬的资深投资者却对技术分析深信不疑。最近看到一篇网友介绍其怎样选“黑马”的秘笈文章，颇感到网友的聪明和才智。只感叹九方皋为什么不把其选马的秘笈传给后人哪?细想起来，炒股的人士千万有余，能够深谙其中“机关”的能有几人。现整理后，馈赠给读者进行交流与切磋。这些选“黑马”的所谓秘笈主要有：

(1) 利用多股同列寻找要启动的“黑马”：当天上午大盘微跌或横盘（在大盘无特大利空的情况下），可在中午休市时，利用多股同列快速找出当天上午分时横盘的股票。一般来说，分时横盘有

三种：上横盘（在昨日收盘价上方），下横盘（在昨日收盘价下方），还有一种是在昨日收盘价附近横盘。这里仅介绍从第三种横盘中容易寻找的即将启动的黑马股。这种横盘形，即分时均价线（黄线）在昨日收盘价附近出现横盘走势比较平直，分时价线（白线）围绕黄色均价线上下窄幅波动。波动范围最好是±1.5%左右，整个上午该股成交量比较均匀，外盘大于内盘，当天换手率在横盘时一般小于1.5%，另外，MACD 和 KDJ 指标安全，股价未冲出布林线外轨，同时，当天股价最好应处在K线整理形态面临突破处：如上升三角形整理末端，箱体颈线位附近，上升旗形末端等。凡符合以上条件的个股，只要当天下午大盘稍走稳，该股必涨无疑，短线可及时跟进。

（2）145天移动平均线选“黑马”：连续20天左右145天移动平均线走平后略微上翘，此时股价已收在5天线上。MACD指标（26.12.9）中DIFF与DEA明显走平或略微上翘接近粘合，并且MACD柱状体明显缩短，或MACD指标中柱状在0轴以上，DIFF与DEA形成金叉。连续20天成交量几乎都小于20日均量线，以上三种情况同时出现时，必是大黑马无疑，可以及时买进。

（3）用EXPMA指标找短线“黑马”：当某股多日K线组合形成圆底走势或双底形态并靠近60天均线，此时60天均线必须要走平或略微上翘，买入点可参照60分钟K线EXPMA指标操作：当5小时、10小时线相继上穿60小时线时是最佳介入点，买入必涨无疑（圆底走势或双底形态的K线组合最低价触碰60天均线为最佳）。

（4）根据均线海豚图形态“选黑马”：当某股股价沿上升通道运行，日K线均线（10日、15日、21日）在同步缓慢上升一段时间后，开始走平，直至三均线靠得很近或几乎交叉于一点。此时，三均线从上升初期至此所形成的均线图形，酷似一只从大海跃起的海豚。海豚图的出现，往往预示着一只“黑马”即将奔腾而出，应果断跟进。

（5）根据RSI指标图形态选“黑马”：当RSI指标图形成双底形态后（指标图形必须在50左右位置出现），其右底刚向上交叉即6日RSI上穿12

日 RSI 时，此时最易跑出大黑马，也是最佳的买入点位。

（6）突遇上盖板而股价不跌情形选出“黑马”：某股票盘口经常有大卖单出现，但成交量始终没放大，且股价比较抗跌，此类股票一般处于主力收集后期或拉升初期，大卖盘可能是主力故意设置的上盖板。

（7）根据 BIAS 指标选出“黑马”：若某只股票连续快速下跌，股价远离 10 天均线，BIAS 指标（乖离率）达到 -20% 左右时（庄股和问题股的下跌除外）是短线最佳狙击点。

（8）日 K 线九连阴捉出“黑马”：凡是某股日线连续收出九连阴且成交量并没有明显放大的情况下，此时可在第九根阴线处试探性买入，待次日股价企稳即可加仓。但需要注意的是，应在该股基本面无重大利空的情况下，而且每天阴线的重心必须下移。如果九连阴中出现高开的阴线，K 线的重心并没下移，则有庄家骗线的嫌疑，不可盲目跟进。

（9）日线大幅低开收阳捉出“黑马”：某股票近期处于上升通道中，某日突然大幅低开收阳且当天成交量明显放大，这类庄家拉升前的快速洗盘股票，也最易跑出飙涨黑马。此时应果断介入。

（10）根据周 K 线缺口寻找“大黑马”：凡是

周K线有向上跳空缺口，且该缺口又未补的股票应重点关注，可选择适当的时机介入，此类股票绝大多数有题材，定是“大黑马”。

（11）前涨停带动后涨停暴出“大黑马”：所谓涨停即显示庄家实力强劲，或者后面隐含某种题材，一般投资者有时当天就追涨，但是在弱势市场中往往买了就套，第二天根本没有达到预期的升幅。但有一种操作方法应该学会使用：当一只股票涨停后，密切关注而不做买卖。注意涨停前一天的成交量，以此做为下一次启动前的量能标准参照。耐心等待此波调整，待回调到前次涨停前的启动位置附近，且成交量也同时到达前次启动量之水平，在前涨停即将带出的后涨停瞬间跟进，成功率极大。

（12）旗形整理突破形态选“黑马”：股票市场中最令人讨厌的走势，非盘整莫属，这种既不跌又不涨的行情，把投资者的心情搞得不上不下，实在叫人难受。这里介绍一种短线快速上涨的“黑马”图形，即旗形整理突破形态。股市中的强劲走势所代表的意义，不仅速度快，而且其图形的表现方式，通常也会伴随着高角度的上升，而这段高角度的股价形态，就称为“旗杆”。然而，不论多么强势的行情，股价都不可能永无止境的上涨，因此，行情会“休息”，而“休息是为了走更长的路”。它随时可以继续朝原来方向前进。如果某一股票大幅上涨，并且于涨势中途呈现旗形整理形态时，可能是一只难得一见的“黑马”。股价见涨不涨，见跌不跌，高点之后还有高点，这种整理形态一旦突破，涨势通常势如破竹，往往几乎以接近“垂直”的方式奔向目标区。

（13）根据击穿年线的大阴线选“黑马”：在股价处于上升通道并突破年线两日后，某日突然以大阴棒击穿年线，当日收盘于年线下。成交量较前几个交易日有所萎缩，次日一根止跌阳线收于年线之上，见此应明确判断前大阴棒击穿年线实为洗盘行为，应不失时机果断跟进。

（14）探底寻宝猎击“黑马”：该方法是用V形反转原理设计的一种波段选股的指标，成功率极高。尤其是当一只股票经过长时间下跌出现V形反转的前夕，探底寻宝会超前发出买入信号。

（15）波底通大门寻“黑马”：当股市连续暴跌时，人们往往会产生恐惧的心理，但是往往短线暴利的黑马常常在这时产生。也就是说，一只股票从起涨点至高点再回落至前期起涨点附近，K线的组合图形宛如一扇“大门”。此时，若出现回升阳线，便可及时跟进，“财富大门”一定会向您敞开。

（16）一阳穿三线射出“大黑马”：当某股的K线图中的60日、120日、250日线趋于粘合时，一根放量阳线同时上穿60日、120日、250日长期均线，这时可密切关注其成交量的变化，一旦5日均量向上交叉10日均量，量能同步放大，果断买进，“大黑马”必出无疑。

23.
洞悉成交量“跟庄”

初进股市的投资者总是有些无从下手的感觉。其实大家都是根据各种信息来源分析和自己所积累经验的判断综合后得出的操作方略。每个投资者虽然都有自己的价值判断和分析手法，但有些大家共同遵守的规则，作为新投资者还是应该当作法宝进行消化和领会的。国内股市的一大特点就是散股多，很容易发现有庄家在操控。股市中要有根据成交量跟庄的方法和技巧，这对于赚钱来讲极为重要。初入股市的投资者应学一学利用成交量跟庄的规则。以下三种成交量的变化形态特别要引起新投资者的重视。

（1）成交量的圆弧底。成交量呈现由巨量而递减、盘稳、递增、巨增的圆弧形，这就是成交量的圆弧底。当成交量的底部出现的时候，往往就是股价的底部也出现了。成交量底部的判断是依据过去的底部来做标准的。当股价从高位往下滑落后，成交量逐步减至过去的底部均量后，股价触底盘稳不再往下跌，此后股价呈现盘档，成交量也萎缩到极限，出现价稳量缩的现象，这就是盘底。底部的重要形态就是股价的波动幅度越来越小。此后，如果成交量一直萎缩，则股价将继续下去，直到成交量逐步递增且股价坚挺，价量配合之后才有往上攻击的能力。成交量由萎缩而递增代表供求状态已经发生改变，显示股价将反转回升了。而其回升的涨幅度及强弱势决定于圆弧底出现之后成交量放大的幅度，若放大的数量愈大，则其涨升能力愈强。底部区域成交量的萎缩表示浮动筹码大幅缩减，筹码的安定性高，杀盘力量衰竭，所以出现价稳量缩的现象。此后再出现成交量的递增表示有人吃货。筹码供需力量已经改变，并酝酿上攻行情。

当一支股票的跌幅逐渐缩小或跳空下跌缺口出现时，通常成交量会极度萎缩，之后量增价扬，这就是股价见底反弹的时候到了。随着股价的回落，原先在市场上赚了钱的人逐渐退出，而新进场的人一个个被套，因此入场意愿不断减弱。如果当人们买股票的欲望达到最低的时候，股价却不再下跌，那只是说明抛股票的欲望也正处于最低状态，这种状态往往就是筑底阶段的特征。

当股价长期盘整却再也降不下去的时候，有一部分人开始感觉到这可能是底部，于是试探性地进货，这造成成交量少许放大。由于抛压很小，只须少量买盘就能令股价上涨，这就是圆底右半部分形成的原因。如果股价在这些试探性买盘的推动下果然开始上扬，那必然引起更多人的入市愿望，结果成交量进一步放大，而股价也跟随成交量开始上扬。这种现象尤如雪崩，是一种连锁反应。只要股价的轻微上涨能够引发更多人入市，这个市场就具有上涨的潜力，而这种现象发生在成交极度缩小之后，充分证明股价正在筑底。

需要注意的是，在成交量的底部买入需要很大的勇气，特别是耐性。能赚大钱的底部起码持续半个月以上，甚至是几个月。有一些相对保守的投资者，他们不愿意在底部等待太久，他们希望看清形势之后再做出决策。对于这一类投资者，当成交量随股价上升而急速放大的时候，他们通常会认为升势已定，于是纷纷追入，人数愈来愈多，才会形成突破之后激升的局面。

（2）成交量的微变。成交量的圆弧底需要较长时间才能形成，但有时成交量的某些微妙变化则只要几天时间就可以确认。总的前提条件是，成交量必须大幅萎缩，离开这一点，就谈不上抓黑马的问题。成交量萎缩反映出许多问题，其中最关键的是说明筹码安定性好，也就是说没有人想抛出这只股票了；而同时股价不下跌，更说明市场抛压穷尽，只有在这样的基础上，才能发展出狂涨的“黑马”。但“黑马”并不会一夜之间突然窜出，其之前肯定已经有了很多迹象，而成交量的缩小变化最能反映出这种迹象。成交量从某一天起突然放大，然后保持一定的幅度，几乎每天都维持在这个水平。这种变化说明有一种新的力量已经介入这只股票，并正在有计划地投入资金吸纳该股。这种介入往往会引起股价上涨，但是收市时却有人故意将股价打低。投资者在日线图上可看出在成交量放大的同时，股价小幅上涨，但常常在股市下跌时，形成十字星形状。建议注意力集中在成交量上面，尤其是集中在成交量已经大幅萎缩的股票上面。一旦发现近两天成交量温和放大，且维持在某个水平，就必须将该股列入重点观察对象，进行跟踪。另一种变化是成交量从某一天起逐步放大，并维持一种放大的趋势。应该是有一种新的力量介入该股的证明。而与此同时，股价常常表现为小幅上扬，主力意图十分明显。这种形状的出现说明主力已经没有多少时间来慢慢进货，不得不将股价一路推高进货。这种情况预示着一旦经过三五天的加速过程之后，必定会突然走出一段令人惊喜的上升行情。

（3）长期牛股的底部动量。成交量可以说是股价的动量，一只股票在狂涨之前经常是已经长期下跌或盘整，这时成交量大幅萎缩，再出现连续放大或成交量温和递增而股价上扬，一只底部成交放大的股票，就好像一枚要升空之前必须要有充分的燃料一样，只有具备充分的底部动力，才能将股价推升到极高的地步。因此，一只准备狂涨的股票必须在底部出现成交量，在上涨的初期成交量必须持续递增，量价配合，主升段之后往往出现价涨量缩的强劲走势。

一只会大涨的股票必须具有充足的底部动力才得以将股价推高。这里所说的充足的巨量是指对于过去的微量而言，也就是说：当一只股票的成交量极度萎缩之后，再出现连续的大量才能将股价推高。成交量是衡量买气和卖气的工具，精明的投资人对于底部出现巨大成交量的股票必须跟踪，因为当一只股票的供需关系发生极大变化时，将决定股价的走向，投资者绝对不可以忽略这种变化发生时股与量的关系，一旦价量配合，介入后股价必然如自己预期般的急速扬升。

成交量的形态的改变将是趋势反转的前兆。个股在上涨初期，其成交量与股价之间的关系是价少量增，成交量不断持续放大，股价也随着不断扬升。一旦进入强势升段时，则可能出现无量狂升的情况。而进入末升段的时候，会出现量价背离的走势，且一旦股价跌破十日均线，则显示其强烈已经改变了，此时将暂时结束其强势而进入中期整理阶段。当您握有一只强势股的时候，最好紧紧盯住股价日 K 线图，在日 K 线一直保持在 10 日均线之上时，可以一路持有，一旦股价以长阴线或盘势跌破 10 日均线，应立即出货，考虑换股操作。盘整完成的股票要特别加以注意，这种股票的机会远远大于风险。盘整的末期成交量为萎缩，代表抛盘力量的消竭。量缩是一种反转的信号，量缩才有止跌的可能，下跌走势之中，成交量必须逐渐缩小才有反弹的机会。但是，量缩之后还可能更缩，只有等到量缩之后又是量增的一天才能确认底部，如果此时股价已经站在10日均线之上，就更能确定涨势已经开始了。投资者应重视量缩之后的量增，只有成交量增大才可能使该股有上升的底部动量。

24. 寻找“稳赚”图形

沪深两市上市公司之多，市场容量之大，是以前很难想象的事情。而香港证交所和纽约证交所这些强大的海外资本市场竞争的加入，使国内企业融资的渠道和规模有着更广大的空间。而当股市容量越来越大的时候，股价走势本身所应有的规律性便越来越显现出来。在所有股价走势的规律中，最直观的就是股价走势形态了，俗称图形。寻找“稳赚”图形，实际上就是发现那些良好的走势形态，借助这些形态来挖掘市场走向的本质，从而捕捉到最能带来丰厚利润的个股。

（1）重要的稳赚图形“圆底”。之所以先来介绍圆底是因为这个形态是最可靠的。同时，这个图形形成之后，由它所支持的一轮升势也是最持久的。应该说，圆底的形态是最容易发现的，因为它给了充分长的时间让大家看出它的存在。但是，正是由于它形成所需时间较长，往往反而被投资者忽视了。“圆底”就是指股价在经历长期下跌之后，跌势逐渐缓和，并最终停止下跌，在底部横一段时间之后，又再次缓慢回升，终于向上发展的过程。应该说明的是，圆底是一个过程，由股价所描绘的图形仅仅是这个过程的表象。当股价从高位开始回落之初，人们对股价反弹充满信心，市场气氛依然热烈，因此，股价波动幅度在人们踊跃参与之下显得依然较大。但事实上，股价在震荡中正在逐渐下行。不用多久，人们发现这时的市场中很难赚到钱，甚至还常常亏钱，因此参与市场的兴趣逐渐减小。而参与的人越少，股价更加要向下跌，离场的人越来越多。然而，当成交量越来越小的时候，经过长时间的换手整理，大家的持股成本也逐渐降低，这时候股价下跌的动力越来越弱，因为想离场的人已经离场了，余下的人即使股价再跌也不肯斩仓。股价不再下跌的局面可能要持续相当长一段时间，形成了股价底部横盘的局面。这种横盘要持续多久很难说，有时是几个月甚至几年，有时候几个星期，但是这种局面早晚会被打破，而盘局打破的这一现象的实质是市场上出现了新的买入力量，打破了原有的平衡，因而迫使股价上行。事情的发展总是循序渐进水到渠成的，当新的买入力量持续增强的时候，说明市场筑底成功，有向上发展的内在要求。于是形成了圆底的右半部分。当股价在成交放大的推动下向上突破时，这是一个难得的买入时机，因为圆底形成所耗时间长，所以在底部积累了较充足的动力，一旦向上突破，将会引起一段相当有力而持久的上涨，投资者这时必须果断，不要被当时虚弱的市场气氛吓倒。

圆底的主要特征：打底的时间较长；底部的波动幅度极小，成交量极度萎缩；股价日 K 线与各平均线叠合得很近；盘至尾端时，成交量呈缓步递增，之后就是巨量向上突破阻力线；在经历了大幅下跌之后形成。

(2) 重要的稳赚图形“双底”。双底形成的时间比圆底短一点，但它常常也具有相当强的攻击力。一个完整的双底包括两次探底的全过程，也反应出买卖双方力量的消长变化。在市场上实际走势当中，形成圆底的机会较少一些，反而形成双底的机会较多。因为市场参与者们往往难以忍耐股价多次探底，当股价第二次回落而无法探底的时候，投资者大多开始补仓介入了。每次股价从高水平回落到某个位置，自然而然地发生反弹之后，这个低点就成为了一个有用的参考点。许多投资者都立即将股价是否再次跌破此点当成一个重要入市标准。同时，股价探底反弹一般也不会一次就完成，股价反弹之时大可不必立即去追高。一般来讲，小幅反弹之后股价会再次回落到接近上次低点的水平，这时候应该仔细观察盘面，看看接近上次低点之后抛压情况如何，接盘情况如何，最佳的双底应该是这样的：即股价第二次下探时成交量迅速萎缩，显示出无法下跌或者说没有人肯抛的局面。事情发展到这个阶段，双底形态成功了一半；那么另一半决定于有没有新的买入力量愿意在这个价位上接货，即有没有主动性买盘介入。股价跌到底时总有人去抄底，但有没有人愿意出稍高的价钱就不一定了。如果股价二次控底之时抛压减轻，但仍然无人肯接货，股价在悄无声息中慢慢跌破上次低点，这样的探底就失败了。只有当二次控底时抛压极轻，成交萎缩之后，又有人愿意重新介入该股，二次控底才能成功。在这种主动性买盘的推动下，股价开始上升，并以比第一次反弹更大的成交量向上突破，这个双底形态才算成功。看盘高手会在股价第二次控底的时候就发现这是否是一个成功的双底，并立即做出买卖决定。建议大家等到双底确认完成之后，即向上突破之后再介入该股，这样风险会小得多。

严格意义上的双底往往要一个月以上才能形

成，但是，有许多短线高手乐意于在小时图或十五分钟图上寻找这种图形。这也是一种有效的短线操作方法。但一样要小心的是，一个分时图上的双底形成之后，不能认为日线图上的走势也改变了，因为分时图的形态能量不足以改变日线图的走势。

双底的重要特征：股价两次探底，第二次低位不低于第一次低位，常常是第二次低位稍高一些；第一次探底成交量已经大幅萎缩，反弹自然发生；第二次上升时有不少主动性买盘介入，成交放大明显；以大阳突破。

（3）重要的稳赚图形“突破上升三角”。股价的上升过程尤如波浪推进，有涨有落但总趋势向上，就像长途跑步一样必须休息。股价整理的意义就在于休整，如果不整理，股价不可能有能力再向上冲。对于短线炒手来讲，股价休整的时候可暂时退出观望，或者抽出资金来买入那些休整结束重入升势的股票。如今股票市场中一个很大的特点就是，每天都有许多股票正在盘整，也有一些股票正完成盘整开始新的上升。这样就给投资者以很大的选择区域。

在各种盘整走势中，上升三角形是最常见的走势，也是标准的整理形态。抓住刚刚突破上升三角形的股票，足以令您大赚特赚。股价上涨一段之后，在某个价位遇阻回落，这种阻力可能是获利抛压，也可能是原先套牢区的解套压力，甚至有可能是主力出货形成的压力，总之，股价遇阻回落。在回落过程中，成交量迅速缩小，说明上方抛盘并不急切，只有在到达某个价位时才有抛压。由于主动性抛盘不多，股价下跌一些之后很快站稳，并再次上攻。再次上攻到上次顶点的时候，同样遇到了抛压，但从成交量看这种抛压比起第一次又小了许多。显然，想抛的人已经抛了不少，并无新卖盘出现。这时股价稍作回落，远远不能跌到上次回落的低位，而成交量更小了。于是股价便自然而然地再次上攻，终于消化掉上方的抛盘，重新向上发展。在上升三角形没有完成之前，也就是说在没有向上突破之前，事情的发展方向还是未知的，如果向上突破不成功，很可能演化为头部形态，因此，在形态形成过程中不应轻举妄动。突破往往发生在明确的某一天，因为市场上其实有许多人正盯着这个三角形，等待它完成。一旦向上突破，理所当然的会引起许多人的追捧，从而出现放量上涨的局面。

上升三角形形成过程中是难于识别的，但是通过股价第二次回档时盘面情况的观察，可以有助于估计市势发展的方向。特别是对于个股走势判断，更加容易把握，因为现在的公开信息中包括三个买卖盘口的情况和即时成交情况，只要仔细跟踪每笔成交，便可以了解该股回档时抛盘及下方支撑的力度，并分析是否属于自然的止跌，如果属于庄家刻意制造的图形，则支撑显得生硬勉强，抛压无法减轻。

上升的三角形的上边线表示的是一种压力，在这一水平上存在某种抛压，而这一抛压并不是固定不变的，一般来说，某一水平的抛压经过一次冲击之后应该有所减弱，再次冲击时更进一步减弱到第三次冲击时，实质性的抛盘已经很少了，剩下的只是心理压力而已。这种现象的出现，说明市场上看淡后市的人并没有增加，倒是看好后市的人越来越多，由此可以想见，股价向上突破上升三角形的时候，其实不应该再有怎样大的阻力，这就是判断一个真实的突破的关键。然而，如果在股价多次上冲阻力区的过程中，抛压并没有因为多次冲击而减弱，抛压经过不断消耗反而没有正直减少，是因为越来越多的人加入了空方的行列，这样的话，在冲击阻力过程中买入的人也会逐渐推动信心，转而投降到空方阵营之中去。这种情形发展下去，多次冲击不能突破的顶部自然就成为了一个具有强大压力的头部了。于是三角形失败，成为多重顶。

上升三角形具有以下特征：两次冲顶连线呈一水平线；两次探底连线呈上升趋势线；成交量逐渐萎缩在整理的尾端时才又逐渐放大并以巨量冲破顶与顶的连线；突破要干净利索；整理至尾端时，股价波动幅度越来越小。

（4）重要的稳赚图形“突破矩形”。矩形整理在分析意义上与上升三角形完全相同，只是股价每次下探时都在同一水平获得支撑，而不是像三角形那样低点逐步上移。矩形常常被人们称为股票箱，意思是股价好像被关在一个箱子里面，上面有盖，下面有底，而股价在两层夹板之间来回运动。如果这种来回运动具有一定的规律性，即上升成交放大，下跌时成交缩小，并且随着时间的推移成交量整体上呈现缩小的趋势。矩形常常是在主力机构强行洗盘下形成的，上方水平的阻力线是主力预定的洗盘位置，下方的水平支撑线是护盘底线，在盘面上我们有时可以看到股价偶尔会跌破支撑线，但迅速回到支撑线之上，这可能是主力试探市场心态的方法。如果一个重要的支撑位跌破之后，市场并不进一步下挫，这充分说明市场抛压几乎已经穷尽，没有能力进一步下跌。再次上升过程中，矩形有一个量度升幅，即当矩形向上突破之后，最小要向上升这个矩形本身的高度那么多，而且大的矩形形态比小的可靠得多。股价在股票箱中来回振动的次数可多可少，这决定于市场的需要。振动的次数越多说明市场浮码清洗越彻底，但要记住，振动的尾声必须伴随着成交量的萎缩。其实在实战中，完全标准的矩形并不常见，股价走势常常在整理的末段发生变化，不再具有大的波幅，反而逐渐沉寂下来，高点无法达到上次高点，而低点比上次低点稍高一些，这种变形形态比标准的矩形更为可信，因为在形态的末端市场已经明确地表达了它的意愿，即说明调整已到末端，即将选择方向。因此，真正的突破不一定发生在颈线位置上，看盘高手不必等到突破颈线才进货。

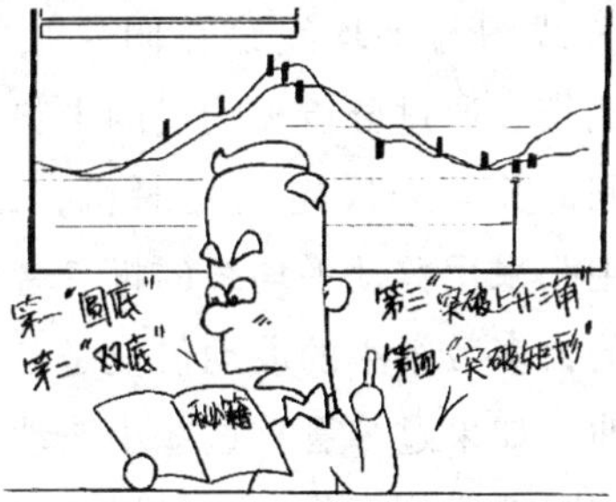

矩形的特征如下：盘整时间较长；上升压力线平行于支撑线；突破阻力线时必须伴随大的成交量；盘整期越久，将来突破之后行情就越大。

25. 分析平均线系统

对移动平均线进行分析是筛选强势黑马的有效方法之一。主要是将一定时间内股票的收市价加以平均后做出图线以供分析。实际应用中，常常将每日的K线图与平均线绘在同一张图上，这样便于分析比较。通过分析平均线的走势以及平均线与K线之间的关系来决定买卖时机，或是判断市势方向。主张采用移动平均线的投资者们认为，每天交易中的大多数细小的波动仅仅是一个重要趋势中的小插曲，如果过分看重这些小波动，反而主要的趋势及主要的股价变化会被忽视。因此，他们认为分析股价走势应有更加广阔的眼光。一般平均线取样数有3天、7天、10天和30天等等，甚至有长期平均线取样时间长达250天。偏重技术分析的投资者之所以能够用移动平均线来分析价格走势，是因为移动平均线具有以下基本特征：

（1）趋势的特征：平均线能够表示出股价运动的基本趋势。

（2）稳重的特征：移动平均线不会像日线那样大起大落，而是起落相当平稳。向上的移动平均线常常是缓缓向上的，向下的平均线也会缓缓朝下运动，要改变平均线的运动趋势相当难。

（3）安全的特性：愈长期的平均线，愈能表现出安全的特征，即移动平均线不会轻易往上往下，必须等待走势明朗之后，平均线才会真正改变方向。经常是在市价最初开始回落之时，移动平均线却是向上的，等到市价落势显著时，才见移动平均线走下坡。这是移动平均线最大的特色。越是短期的平均线，安全性愈差；愈是长期的平均线，安全性愈好，但也因此而使得平均线反应迟钝。

（4）助涨的特性：股价从平均线下方向上突破之后，平均线也开始向上方移动，可以看作是多头的支撑线，市价每次跌回到平均线附近时，自然会产生支撑力量。短期平均线向上移动的速度较快，中长期移动平均线向上移动的速度较慢，但都表示一定期间平均持股成本的增加，买方力量若仍然强于卖方的话，股价每次跌回平均线附近时，便是买进的时机，这时平均线的助涨功能消失，股价才会重回平均线之下，这时可能趋势已经转变。

（5）助跌的特性：股价从平均线上方向下突破，平均线也由此开始向下方运动，这时平均线成为了空头阻力线，市价每次反弹至平均线附近时，自然产生阻力。因此在平均线往下运动的时候，每当股价反弹到平均线附近便是卖出时机，此时股价若再次与平均线接近，则有可能向上冲破均线开始新的升势，此时平均线的助跌功能减弱。

平均线系统本身已经反映了股价目前的运动趋势，平均线就是股价目前运动的趋势线。当平均线向上运动的时候，反应股价总的趋势是向上的；相反，当平均线向下倾斜的时候，说明股价正在一个下跌趋势当中。

平均线运行的角度反应了这个趋势的强弱程度，越是陡峭的平均线反应出股价运动趋势越是强烈，然而，平均线运行的角度是在不断变化的，这就反映出股价运动趋势蕴含着变化的契机。

分析平均线系统首先就是看它运动的方向与角度，从而判断目前股价运动的大趋势及这个趋势的强弱程度。投资者们要观察不同期限的平均线的运动情况之间的关系。简单说，就是观察短期、中期、长期均线之间的排列关系。这种排列关系常常被分为多头排列、空头排列和整理形态排列三种。

所谓多头排列，是指均线系统中，短期均线在最上方，中期均线在短期均线之下，而长期均线更在最下方，同时所有均线都正向上方运动，这种排列揭示出股价运动正处于一个强烈的多头趋势中，这种趋势还会保持一段时间。空头排列是指均线系统中短期均线在最下方，中期均线在短期均线之上，而长期均线更在中期均线之上，同时所有均线正以一定角度向下运动，这种排列方式说明股价正处于一个下降趋势之中。整理形态排列是指短期、中期、长期均线都呈水平运动状态，且相互纠缠在一起，相距非常之近，这种排列说明股价的运动暂时失去方向，等待市场决定突破方向。

投资者们还要看目前的股价处于均线系统之中的什么位置。一般来讲，股价在均线系统之上是强势信号，股价在均线系统之下是弱势信号，如果股价与均线系统非常接近，且股价波动幅度很小，那么面临的将是一个突破，以决定后市的方向。同时，股价与平均线偏离的程度也是很有用的一个指标。由于平均线实质上反应的是一段时间以来的平均持股成本，因此股价与平均线的偏离程度可以反映出目前市场上获利或被套牢的投资者的情况。这个指标称为乖离率，其主要功能是通过测算价格在波动过程中与移动平均线的偏离百分比，从而得出股价在剧烈波动时因偏离平均持股成本太远而可能造成的回档或反弹，以及价格在正常波动范围内移动而继续原趋势的可信程度，一般来讲，当股价偏离短期均线 10% 以上之后，即 10 日乖离率超过 10% 时，股价有向短期均线靠拢的要求，以消化短期的获利压力或空头回补压力，而中期乖离率超过 30% 以后，中级趋势必须得到修整才能有进一步发展的动力。

应用平均线的几个基本方法：

（1）移动平均线从下降转为水平，并且向上移动，而收盘价从平均线下方向上方移动与平均线相交，并超过平均线时，形成一个买进信号。

（2）收盘价在移动平均线上方变动，虽然出现回跌，但并没有跌破平均线，又回头上升，这时也是一个买入信号。

（3）收盘价曾一度跌至平均线下方，但平均线保持上升势头，这时也是买入信号。

（4）收盘价在平均线上方运动，突然暴跌，距离平均线很远，这是超卖现象，收盘价可能回升，这是一个买入信号。

（5）股价在平均线上方移动，并且呈现上升趋势，离平均线越来越远，表明近期内买入者都已获利，随后会有获利回吐，这时是卖出信号。

（6）平均线由向上逐渐变为水平并且呈下降趋势，而股价从平均线上方与平均线相交之后跌至下方，说明价格会出现较长时间的下跌，为卖出信号。

（7）收盘价在平均线下方移动，反弹时没能涨破平均线，而且平均线正趋于下降，这是卖出信号。

（8）股价在平均线附近徘徊，而平均线正呈明显的下降趋势，这时也是卖出的时机。

移动平均线就是趋势线，股价在一段时间内，沿着一定的轨道作一定方向运动，事实上，股价经常贴着这轨道运动，在趋势没有改变之前，不必卖出手中的股票。而趋势线越陡峭的个股，反映出强的走势，应该列入优先考虑选择之中。这类股票的均线系统必须呈多头排列方式，且每次股价回档都在均线之上获得支撑，而回档也常常用横盘的方式来完成，股价横盘等待均线上扬，一旦均线上升到接近股价的位置，便发挥出均线的助涨功能，推动股价继续上扬，这类股票必须牢牢抓住。

分析上升趋势线的仰角是非常重要的选股分析，一旦买入自己认为的强势股，就一定要盯住其上升趋势，看它是否继续维持强势。只要是一条已建立的上升趋势保持未破坏，都表示持股是安全的，新的买入者继续加入市场。但是，投资者必须特别加以注意的是，当股价日 K 线每次触及到趋势线时，股价所做的反应到底是获得支撑还是跌破，尤其是突破时伴着增加的成交量。

趋势的改变，投资者应特别加以警觉，因为那是多空力量的转变，绝对不要忽视这种转变，当趋势的改变信号甚至反转形态出现时，就是应该换股的时候了。所以，投资者一定要选择强势股介入，但又要避免选择乖离率太大的个股，因为这些股票虽然势头很强，但升势过猛正需要回调整理，不如等它回调至均线附近再介入。

26.
寻找炒作题材

所谓炒作题材，说穿了就是炒作一只股票的借口，是激发市场人气的工具。有些题材具有实质的内容，有些题材则纯粹是空穴来风，甚至是刻意散布的谣言。国内市场上题材变化万千，总的来说有以下几类：经营业绩改善或有望改善；拥有庞大土地资产可以升值；国家产业政策扶持；合资合作或股权转让；增资配股或送股分红；控股或收购。在主力机构的挖掘和夸大之下，这些题材显得具有无穷的能量，激起了人们的购买欲望。事实上这些题材对上市公司本身有多大的好处不是随便可以确定的，许多具体情况有待具体分析，决不能一概而论，但市场的特点是：只要有题材，就有人乐于去挖掘和接受，题材的真实作用反而被忽视了。

（1）经营业绩改善或可望改善的题材。从根本上来讲，业绩是股市的根本所在，所有所谓利好的预期最终都会反映到上市公司的业绩上来，因此，经营业绩改善或可望改善是最有号召力的题材，而其中，业绩可望改善又比已经改善更有吸引力，因为人们更看重上市公司的未来，这一类题材每到上市公司业绩报告期间便显得尤其活跃。业绩的改善可以是因为宏观经济环境的改善，也可以是因为微观水平的改善。在股市中，业绩是硬道理，而每年的业绩时限是一定的，所以这些题材每到业绩报告出完之后就暂告一段落，癞蛤蟆再怎么美容也是癞蛤蟆，天生丽质真材实料的才能被市场接受。

（2）拥有庞大土地资产可望升值的题材。这个题材极具想象力，似乎因为该上市公司拥有一批宝贵的土地就身价万千了。土地本身是一种特殊的资产，土地的价值是难以估量的，特别是一些地处大城市繁华地段的上市公司更可能因为拥有一片土地而脱胎换骨。关于这一类题材，投资者其实只要多花一些工夫，认真阅读上市公司的年报和上市公告书、招股说明书等等，均可以事先发现。可惜真正愿意花时间去做这些工作的人并不多。同时，拥有土地资产并不一定会升值，即使升值了也不一定会立即表现出效益来。所以要看有没有挖掘并宣传这个题材，看有没有让升值的土地表现出效益的契机。

（3）国家产业政策扶持题材。国家从经济全局的眼光来考虑必定会对某些产业进行扶持，给予优惠的政策，其中关键的是优惠的税收政策和优惠的贷款支持。处于这些政策扶持行业的上市公司从中可以得到很大的好处，其业绩改善自然就有了保证。目前国家重点扶持的产业偏重于基础性产业，能源、交通、化工、通讯、高科技等等均是扶持对象。这些受扶持的行业往往同时也正是有市场、有效益的行业，投资者选股时应该偏重于这些行业的上市公司，投资回报的可靠性将大为增加。

（4）合资合作或股权转让题材。合资合作或股权转让这件事本身，多数对上市公司有一定的好处，不然的话，为什么要合作或转让呢？但这一行为的好处到底有多少，则要具体分析。有一段时间，市场流行合资概念，只要是有合作项目的，哪怕还在谈判的初级阶段，也被疯炒一番，这充分说明市场人气的作用巨大。分析合资题材，要全面考虑合资伙伴的经济实力和市场能量，分清有利的真合资和纯粹为造题材而吹捧的假合资，分清合资项目的真正前景是好是坏。我们可以看到，有许多所谓合资项目并没有给上市公司带来多少好处。

（5）增资配股或分红送股题材。增资配股本身并不是分红行为，它并没有给股东什么回报，只是给股东一个增加投资的权利。然而，在牛市中，这种优先投资的权利往往显得非常重要，并具有了一定的价值。因为牛市中人们预期股价会上升，可以优先投资必定会给投资者带来良好收益。于是有配股题材的个股在牛市中大受追捧，企图把配股权所包含的价值预先在股价中反映出来。分红送股是上市公司给股东的真正回报，但现金回报比起任何分红方式来说都是硬道理。在这种回报真正兑现之前，往往会出现抢筹现象。因为预期牛市中会填权，所以增资配股或者分红送股成为一种炒作题材。一旦市势逆转，人们预期熊市到来，则送股也好、配股也好，都不能激起人们的购买欲望。

（6）控股或收购题材。这是股市中最有吸引力的题材之一，因为它给投资者无限的想象空间。控股是指某财团在股票市场上吸纳某上市公司股票，以求最终控制该上市公司大部分股份的行为。这种行为可能很复杂，会对上市公司产生深刻的影响。不过在我们的股市中，真正意义上的控股或收购尚未发生，多数所谓的控股行为是由于庄家炒作失当，手中的股票越来越多，达到或超过了举牌界限，从而不得不举牌的事件。这与我们的上市公司的特殊股本结构有关，流通股比例较小，对于大多数上市公司而言。在二级市场上发生真正的抢股和收购是不可能的。所以目前，控制和收购只是一种纯粹的炒作题材，并无实际意义。当然我们希望将来某一天，我们的股市上发生真正的抢股和收购，那也许是我们走向成熟的一种标志。

既然炒作题材纷纭复杂，投资者难免被它们搞得眼花缭乱，似乎身边到处都是炒作题材，搞不清谁真谁假。所以第一件事，就是看传说中的题材是真是假。其实，对于大多数题材而言，要去验识一下并不难，尤其是上市公司本身的题材，在上市公司的各种公告和财务报表中，都有可能找到侧面的证据或否认。但有人说，题材的生命力在于它未经证实。那么对于没经证实的该怎么分析呢？分析题材的最好方法是拿题材来与盘面情况对比，看盘面走势是否支持该题材的存在。对于真正的炒股高手来说，根本不需要整天去打听什么消息，一切都在盘面上清楚的反映了出来。因为这里有一个观点，即：某个题材到底能给盘面造成多大的影响，那不决定于题材的情况，而决定于盘面当时的处境。盘面反映的就是供求关系的变化，盘面的状态就是指目前供求关系的状态。市场也是这样，市场的气氛有干有湿，人气有旺有衰，同样的题材投入到市场之中，反映常常因时而异。可以想象，在漫漫熊市之中，谁会在乎上市公司的股票抓在什么人手上呢？只要懂得了题材与市场的这种关系，您就等于已经站到了市场之上，置身外来分析市场的反应。反过来，通过市场对题材的反应，您也就可以看出目前市场所处的状态。一个对坏消息没有什么反应的市场，毫无疑问是一个强势市场，一个对庄家鼓吹的种种好题材没有什么反应的市场，则一定是个弱势市场。在牛市中，即使庄家不去鼓吹，也会有投资者自己去挖掘炒作题材。题材只是借口，市场状态才是真正的关键。

由于大盘中股票太多，所有股票一起上涨需要太多资金，而且许多股票一起上涨时，投资者的注意力被分散了，不容易形成强烈的攻势，所以出现了所谓的“轮炒”。轮炒的本质是把大盘分割成多个自我体系的部分，然后便于集中力量来炒作一批股票。另外，当一批股票走弱的时候，可以有另一批股票来代替前者支撑局面，用维持市场人气。轮炒往往依照先一线绩优股再二线股再三线低价股的顺序进行。这是因为在发动行情之初，一般不敢买入那些业绩没有保证的个股，而此时绩优股价格明显偏低，投资价值显现，成为第一批投资者的首选。当一线股的价格炒高之后，二线股随后跟上，因为他们业绩也不差，那么后来的投资者只有选择这些股票了。接下来，市场气氛越来越活跃，投机气氛越来越浓厚，于是三线股作为最投机的品种被炒作。这种炒作常常失去理性，成为纯粹的投机游戏。

当一二三线股轮炒一遍之后，一般来讲市势就告一段落，回到调整待升的时机。这是轮炒的普遍规律，当市场上可炒的股票越来越少的时候，市势也就差不多到尽头了。但也有另一种情况，即轮炒二线股的时候，一线股已经开始调整，炒三线股的时候，一二线股又在调整，当三线股炒完了以后，也许一线股已经调整的相当彻底，这时如果大势长期看好，则有可能重新启动一线股，带动市场开始一轮新的循环。当三线股炒完之后，投资者们应该留意一线股的走势，看调整是否已经充分成功，看有没有重新启动的迹象。一旦发现如此，则市势可能长期向好，可以开始一轮新的炒作。

27.
构思选股准则

本想这本小册子只是向刚刚入市的新投资者或者过去很少读书而又充满自信的人介绍基本的炒股常识就罢了。但动笔写作时才发现这里的天空太辽阔，以至于很想把所有的知识都从口袋里倾泻出来。而且随着写作文字的增加，发现自己写作的胆量愈来愈大了。既然是准则的称谓，那就有点像写圣经的味道了。

（1）选择市场性优异的股票。中国股市的一个特点，是每只股票都有其波动的某种特性，即所谓的股性。如果说某只股票股性好，往往是指它表现活跃。大势升时它繁荣昌盛得多，大势跌时它震荡较大。这种股票群众基础很好，大家都乐意去炒它，于是其股性也就越来越活跃。所谓股性不好的股票，往往是指股价呆滞，它们只会随大市作小幅波动，炒作这种股票常常赚不到什么钱。

每种股票的习性是在长期的炒作中形成的，是由于大众对它的看法趋于一致造成的，一般难于突变。但股性也不会永远不变，有时通过机构长时间的努力，或者由于经济环境大的改变，可能会改变一些股票的股性。几乎所有的热门指标股，都有良好的市场性，这些股票筹码锁定性好，易大起大落，投资者高度认同这些股票，一有风吹草动即大胆跟风，往往造成股价疯涨。大众认同程度越高，其市场属性越好，而这些股票往往有主力每隔一段时间总要折腾一番，似乎是吃定了这只股票。而主力对于长期以来介入较多的股票的市场性很熟悉，常常选择同一只股票多次介入，这正是形成个股独特股性的重要原因之一。

股本结构是个股的重要属性之一，小型股容易控制筹码，轻、薄、短、小的股票具备拉升容易的优势，十分利于操作。多年来股本小的个股往往较容易成为主力炒作的目标，很多主力介入操作的重要参考就是股本的大小。但是，股市中的冷门股时常也有惊人的表现。由于从前大多有过突然爆发的经历，所以它的股性就是喜欢重复突然拉升。冷门“黑马”股大多流通筹码很少，股本小，所以这类股票一旦打底完成发动攻击时，其升幅常常十分可观。

股票的市场性是长期形成的，因而也要投资者长期了解才能全面熟悉它们，并一一了解他们的性格。当然，这不是一天两天的功夫，就像您不能在一日之内有几百个朋友并一一都了解他们一样。同样，当您全面了解了个股的特性之后，再有某只股票个性出现变化，那么您很快就能认识出来，并记住它的这些变化。这种情形完全就像某个朋友的性格发生了变化一样，那当然不是一两天的事情。

选择股票时首先要考虑的就是市场属性，落后大势的弱势股不要去碰它，而热门的指标股是首选目标，某些冷门股经过长期的盘整，有可能突然爆发，那也可以考虑。

(2) 选择波动幅度大的股票。既然每只股票的特性不同，自然有的波动大，有的波动小。波动大的股票最适合短线炒手进出。当一支原本平静无波，股性死寂的股票突然连续数日转强时，不能等闲视之，如果此时成交量配合，那这支股票大可有一番表现了。对于目前大多数的投资者来讲，参与股市只是为了谋取短期差价，相信投资者真正打算长抓股票等分红的人并不多，正是由于我们投资者队伍的这种短期性，使得波动幅度大的股票成为我们首选投资目标。但是，波幅大意味着风险大，如何低买高卖成为关键的内容。不论如何，如果一只股票长期波幅太小，那么还是少碰它为妙，股性虽然会有变化，但决不是一朝一夕可以变化的，不如等它真正活跃起来之后再选择它。

（3）选择有潜力的低价股。股票价格低，这本身就是一个优势，低价格往往意味着低风险。某只股票所以价格低，说明关于该股的各种不利因素多已被大众所了解，而股票市场上有一个大特点就是，大家已经知道的事情往往对市场不再发生作用，正如大家知道的好消息公布出来也无法再令市场上升。所以，如果某只股票价格很低，那一定是因为一些众所周知的原因，而且大家都已经接受了这种现状。在一批低价股中，常常就隐藏着这种可能会变好的坏孩子。这就是低价股最值得炒作的原因。事情不会一成不变，总有差公司会变好。同时，低价的特性使得炒作成本下降，容易引起主力的关注，容易控制筹码，由于比例的效应，低价股上涨时获利的比率更大，获利空间更广阔。再加上群众基础好等原因，常常会使低价股成为“大黑马”，当然，并非低价就一定好，有些上市公司积弱多年，毫无翻身机会，甚至亏损累累，这种公司最好还是不碰为妙，所以说，投资者平日要关注上市公司的经营情况，随时记下来有关他们的各种报导，在心里给所有这些公司评分。这样总可以找出那些被人忽视了的好企业。

（4）新上市的公司股票应特别注意。今年以来，新股上市节奏越来越快，新股票越来越多，于是投资者已经变得麻木，对新股视而不见。这种情况的出现，反而给部分投资者提供了很好的机会。新股中其实也有好有坏，但总的来说，他们有一个共同的优势，那就是上方无套牢盘。一般新股上市时，原始股东都是获利的，只要他们愿意抛出，都可以赚钱。同时交易从上市的那一天开始，没有什么复杂的历史，这种特性使得机构主力很容易掌握筹码的分布情况，也容易集中吸货，从而完全控制筹码。尤其是那种上市之后曾跌破发行价的新股，更是十分难得的炒作对象。在发行价之下，常有大机构大量吸货，日后必有不俗表现。这种股票筹码高度集中，机构主力爱做多高价格都可以。

新股被疯狂炒作的例子举不胜举。最后到了几乎是逢新必炒的地步。当主力机构在市场上再难找到炒作对象的时候，新股就成为最好的选择。新股的炒作可以当成纯粹的数字游戏来玩，完全可以不理会其业绩和实质。只要主力有勇气和实力接走所有低位抛盘，以后的股价就只是一个数字而已了。另外，由于股票上市的承销商制度，使得新股上市之初的表现直接关系到承销商和上市公司的面子，所以即使大市不利，券商也要尽力护盘维持形象。这样护盘的结果往往是手上股票越来越多，最后变成不得不做庄炒作一番了。

（5）选择强势产业的股票。强势产业的股票常常是领导大市的主角，尤其是行业中的老大，往往具有指标作用，因此，选股必须选择强势产业的领头股，这样往往能领先大市获利。通常，在某项多头行情中的领头股，到大市趋势反转之后，便成为抗跌的好股票。投资者应该了解整个国家的经济形势与产业政策，哪些行业是目前的经济循环中的强势产业，哪些是夕阳产业，应该做到心中有数。对于国家产业政策扶持的上市公司来讲，经营上的阻力小一些，获利能力会大一些。另外，在全世界的产业发展趋势中，也可以看出哪些行业是有前途的，哪些行业是面临困境的。炒股高手不能对世界经济潮流一无所知，也不能毫不关心国内经济动态，所有这些，其实都是炒股的基本功，这些看起来零碎的没用的知识，到了您决定投资方向的时候，往往能起到意想不到的作用。

投资者应有买股票就买未来前景的观念，所以对于前景看好的尖端产业应具备长远的眼光，对于高科技的、高附加值的产业，尤其要加以注意。同时，投资者应经常去检视各类产业股票的表现情

形，将有助于摆脱目前弱势产业的股票，换入强势产业的股票，您会发现某一行业的股票常常有某种连动性，如果某产业的龙头股表现疲弱，则往往会波动其他该行业的股票。同样，如果某一行业的几种指标股呈强劲起势，则会带动其他同类个股大涨。掌握产业动向，是投资者不可忽略的选股要诀，假如您想在股市中创造佳绩，那么决不能忘记强势产业的股票。

28. 炒新股

随着沪深两市新股的不断上市，炒作新股成就了许多投资者的喜好和盈利机会。但新股的炒作缺乏老股那种比较稳定的投资群体和成熟的炒作数据支撑，相对来说风险比较大。但正是由于这些特点，新股的炒作空间和盈利空间相对来说会更大一点。就目前国内沪深两市交易来看，新股的炒作具备以下几种形态：

（1）高举高打型。在新股炒作过程中，大多数主力会利用投资者对新股的情况不知而展开高举高打的过程，高举高打的形态往往具有以下几种形态：出乎市场的意料之外进行高开。不少新股在市场预期较高的情况下，常会呈现出高开高走的情况，因为不少股票在上市时市场的预期很高，而主力也想进行一番炒作，若开盘价较低，原始股东采取较为惜售的方法，而如果其高开的话，原始股东常会抛出，这样其往往能轻易获取筹码，主力很可能会通过高举高打的方法，先高开，随后在盘中进行洗盘。这样极易取得充分的筹码。从新股上市后的走向看，大凡被成功炒作的新股大都具有被市场关注这一重要特征。一般而言，若缺乏被市场关注这一重要因素，无法吸引市场的跟风盘，一旦炒作也不易取得一定的效果。这是因为作为新股的炒作需要资金的配合，一旦将某股打至一定的价位后，若该股不被市场所看好，主力较难对该股进行成功的炒作，而一旦上涨则缺乏有力的买盘将股价托住。实际上，沪深两市在近两年上市近百只新股，不少新股尽管业绩很好，但较难逃脱高开低走的厄运，而不管是否会得到炒作，很大程度上都与市场所关注具有密切的关系。要引起市场关注的新股具有以下几方面的因素：

属于股市中的第一次。股市中的第一次是极难得的机会，股市中的第一次往往具有极富有成效的盈利机会。但第二次类似的事件产生后，却较难产生类似的效果。股市中的第一次往往具有以下几个特点：为投资大众所忽视。从第一只认购证、第一只大盘股、第一只投资基金上市的过程看，均具有不被市场看好的特征，这类被炒作的基石是“不被看好”的特征。股市中常会有这种情况，当投资者一致看好某种股票，却较难得到成功的炒作，这主要原因在于股市是直接涉及到金钱利益的，在形成一致性的从众行为后，往往不会取得成功的炒作要件。而不被看好的特征却使其形成了易被成功炒作的要件，正是由于不被看好，所以会形成持续上涨的条件。正是不被看好才会形成股市中的巨大的盈利机会，因为当众多的投资者一致看好后，就没有这种机会了。

作为新生事物无法替代。新生事物往往是众多投资者无法认识的原因，若具有原来事物的特性，则失去了新鲜的特征，其第一次的成因也不会产生。作为股市中的第一次常会使众多的投资者无法加以认识，这也是使众多的投资者无法积极参与的原因。这种情况往往会造成投资者在认识上的迷茫，从而贻误了获利的机会。因为从作为被成功炒作的要素角度看，往往具有新鲜性的东西在股市中会得到成功的炒作，而属于老生常谈的题材往往会得不到市场短线资金的积极认同。

代表管理层特定的意图。从股市中第一次被成功炒作的原因看，离不开能代表股市中的属于管理层意图的强烈刺激。每一次被成功炒作的事例往往具有作为政府意愿代表的管理层的意图。因此，第一次所折射出来的对未来的看好往往会在第一只股票中得到充分的宣泄，股价的暴涨也势在必然。在股市中常常会有这种情况，当众多的投资者从失去了第一次机会后，往往会对类似的以后再次出现的机会耿耿于怀，从而看好第二次出现的类似的事物。可股市中却常常会捉弄人，当第二次类似题材再次出现后，却使介入的投资者受到愚弄，有时甚至严重被套。开盘高开高走的股票当中，要能发现有极强的多头能量。高举高打的股票常会在当天拉出大阳线，以后经过重新整理后，有极强的上攻能量，成交量会明显的放大。

（2）高开低走型。对沪深两市新股进行研究后发现，除少部分新股在上市当日表现出高开高走之外，大部分新股表现出高开低走之势。新股的高开低走与三大因素有关：一是从目前新股认购的机制看，大都采取上网定价认购的方式，这种方式最大的缺陷就是造就了一大批新股认购的专业户，一旦认购后，上市当日不管什么价就一抛了之，然后再次寻找新股认购的机会。实际上，目前新股认购的盈利远远胜于二级市场操作的结果，从而使众多的社会资金集中在新股的认购之中。若从大盘所处的位置看，也极易造成高开低走的情况。若大盘处于较高的点位时，新股的开盘大都会表现出高开低走的情况。目前不少上市公司常会想让自己上市当天以不俗形象引起市场的关注，而常会出资部分资金开出较高的开盘价。从国内新股炒作的规律看，在所有上市的新股中，除少部分在上市后是高举高打以外，大部分新股的炒作都会呈高开低走再高走的炒作形态。这种炒作的方式主要还是必须根据市场主力炒作的意愿而定。高开低走后再次被炒作的股票大都有一个重要的内在因素，即其股价在上市后，随着股价的逐渐下移反而体现其炒作的内存价值。这种情况的发生常会和这类股票具有较佳的基本面形态有关。其中不乏是一些高科技板块中的绩优股。而在这类股票的炒作中，常会有两种形态：一是上市后高开低走，在较短的时间内再炒上去的过程。这类股票在沪深两市很多。股票从高开到低走，有的时候局限在一个星期之后，而有的则在两至三天时间内。二是上市后高开低走，随后经过相当长一段时间的下跌后，再次产生上涨的过程。这种情况产生后，其时间跨度较长，有的甚至在几个月甚至一年以后，这类股票一旦成为后发制人的股票，其爆发力常会要超过上市后就被炒作的股票。

（3）低开高走型。低开高走的情况在沪深两市很多且给短线操作会带来较快的利润。低开高走的股票与以下几大因素有关：一是大盘下跌之际，上市的新股往往价格不会开得很高。主要原因在于当大盘暴跌以后，新股持有者往往会被大盘的下跌面降低了持股的预期。二是大盘处于极度低迷之际。在熊市常会发生不少股票的上市价格开得极低，有的甚至跌破发行价。三是部分股票本身的内在价值被市场低估。低开高走情况的发生大都会是以下几种内在条件的助推：首先，必须是在大盘上涨途中。若大盘呈跌或者暴跌之中，这种条件较难以形成。其次，必须要有题材的配合。一般而言，新股上市后一段时间内会产生不同的结果，常会以下列几种方式出现：

（1）股票的价值远在其股价之下。这种情况常会表现为不少股票在高开高走后，由于其股价明显被炒高，在得不到基本面支持的情况下反而出现较大的跌幅。低开高走的许多股票常会有较佳的炒作过程，特别是一些在大盘暴跌之中上市的股票，尽管上市之初出现了低开高走，但由于其内在的价值不佳，常会在上涨至一定高位后仍以其内在价值进行合理的定位。

（2）股票的内在价值在其股价之上。这种情况常会表现在高科技股票之中。尽管这类股票在上市时有过一波炒作，但最终还是明显在原来上涨之初的价格之上。

当新股上市后，常会吸引投资者对其引起极大的兴趣，成功的炒作常会是有其技术形态上的支持。一般而言，在新股上市后常会成为众多投资者极为感兴趣的问题。由于目前所实行的 T+1 交易制度，故而在这种情况下即使买入股票有极大的操作风险，而实际上，新股在上市后的短短交易的几个小时内，对投资者面临较大的难题，有时能及时买入的话，短线获利的机会很大，但买得不好的话，往往会在买入后即被深套。至于新股的炒作技巧方面，投资者要特别注意以下几点：

（1）关注开盘后 5 分钟的情况。一只新股是否被成功的炒作，与该股开盘后 5 分钟的情况密切相关，笔者对被成功炒作的新股进行了研究，发现大都与其上市后 5 分钟的开盘价有关。新股开盘后的 5 分钟交易情况要关注以下几大要素：一是集合竞价的成交量。因为集合竞价的成交量越大，说明该股被主力关照越明显，当一只股票在集合竞价中明显放出巨量后，往往易被成功地进行炒作。二是5分钟内成交量。若一只股票在5分钟内的换手率能达到流通盘的10%的话，则短线的机会较大。三是5分钟内的K线的情况。一般而言，5分钟内成交量换手率达到10%，还要有K线形态的配合。因为若仅有巨量的配合是不够的，在许多情况下，5分钟内换手率很高，但却由于拉出阴线，说明多空双方的力量向空方倾斜。而5分钟内成交量明显放大，并且拉出阳线的话，说明短线则利于向多方发展。一旦开盘后拉出阴线的话，说明原始股东套现的欲望极为迫切，在拉阴线的情况下是不应急于介入的。

（2）关注开盘当日K线形态。新股的炒作成功不仅仅是当天是否走强的问题，对股东而言，其所关注的仅仅是当天的情况。他们希望一上市就将股票抛掉，从而实现快速获利的目的，面对二级市场的投资者而言，却关注以后几天的情况。在实践上常会出现这种情况，有的股票当天的表现极佳，但以后几天均呈熊股的走势，技术形态呈高开低走，某个股性良好的新股在上市后常会成为市场重点关注的品种，之所以产生“大黑马”常与开盘当天的表现有关。在关注新股的当天开盘价时，必须研究其K线形态的变化，若该股当天拉出一根大阳线，换手率在 70% 左右，这类股票以后一般会有再次上涨的机会。

成功炒作的新股的日 K 线形态常会呈以下几种形态：一是当天出现大阳线。若某只新股上市后当天拉出大阳线，这类股票后市一般仍有短线的机会，主要的原因在于当其出现大阳线后，短线的多空力量明显向多方转换，在多头占据较大的上风后，这类股票短线的机会将会大量增加。二是换手率较为适中。上市即被炒作的新股的换手率一般在 65% ~70% 之间，换手率太高也不利于炒作，第二天有时反而会出现较大的下跌。在对新股炒作时，最佳的方法除了可在其上市开盘 5 分钟买入以外，对当天拉出阳线的新股可在第二天关注其开盘后的情况进行逢低吸纳。在第二天介入新股的炒作时可分别对不同的新股进行不同的处理：一是对于被市场一致看好的新股可在第二天开盘后逢低吸纳。二是即使是要在短线炒作新股，也必须在其回档时介入。三是超强势新股在第一次回调之际大胆介入。极强的多头能量的主要标志为上市后伴随着成交量的巨增，股价上升斜率极陡，有的甚至达到 70 ~ 90 度。成熟的短线高手一定要从超级强势股中寻找短线盈利的机会。这正如暴跌的股票不会轻易改变其弱势的趋势一样，新股上市后其超级强势的特征一旦形成，则不会轻易改变其上涨的趋势。四是买入即将跌进发行价的中小盘新股。这时手中持有老股的话，则宁可不要老股割肉换成新股，当大盘走稳后，新股的获利空间远远会超过老股。

（3）避开不适合购买的新股。不建议大家购买的新股主要是：一是上市当天拉出大阴线。上市当天拉出大阴线是绝对不可介入的，不管是何种价位，若当天拉出大阴线，该股则较难有再次表现的机会。二是大盘在下跌通道之内不宜买新股。大盘处于下跌通道中是不宜在市场中忙进忙出买卖股票的，不少投资者过分相信自己的选股能力，认为自己选的股票能摆脱大盘的下跌而走出独立的行情，这种情况的确存在，但在空头市场中始终处于激动的炒作状态时，则宜犯新股炒作的大忌。空头市场之所以不宜买入新股的原因是受到资金因素的制约。当大盘进入到下跌通道之际，市场的存量资金是不足以导致新股成功炒作的。三是新股扩容速度较快时不宜介入炒作。当新股扩容速度较快的情况下，不仅会使老股受到股价稀释的影响，而且更容易使刚上市后不久的新股受到潜在的影响。市场常会有类似的情况，有的新股上市后刚得到炒作，但过几天后马上有新股上市，短线资金常会将注意力再次转移至其他新股身上。

29.
掌握主力动向

主力，指股票中的庄家，即能影响股票市场行情的大户投资者。庄家和散户是一个相对概念。理论比例是占有 50% 以上的股票发行量。鉴于目前国内大多数上市公司的股权结构几乎都是散股多的现实，因而实践中大多数情况下庄家控量不一定非要达到 50%，10% ~30% 就足可控盘。庄家坐庄某股票，可以影响甚至控制它在二级场的股价和交易量，因而其所获得利益巨大。但庄家毕竟不能左右股市的整体势头，因而散户要学会相伴庄家赚钱。这其中，散户掌握主力的动向极其重要。

(1) 主力选股的依据。主力在市场上的作用大家有目共睹，中国股市的一个重要特点就是各种主力对股价的影响十分明显。然而许多时候庄家炒作失误，也会陷入相当被动的局面。所以对于散户投资者来讲，要识别并正确跟踪主力，并与庄家周旋，规避与失败的庄家一起灭亡。主力机构的操作失误有时是因为操作存在问题，有时是大势所逼。在美国股市崩盘的时候，即使股神巴菲特也赔得一塌糊涂。主力选股的依据可以以技术和基本面两方面去理解。在技术上，被选中的股票必须是有利于炒作的，比如盘子的大小要与操作者本身资金量相配合，太大的资金炒作太小的股票会感到池水太浅，不能容身；太小的资金炒作太大的盘子会感到力不从心，推不动盘口。技术上的第二个考虑因素就是目前该股的筹码分布情况。所谓筹码分布，既指筹码在不同价格上的分布，又指筹码在不同投资者手中的分布。从筹码分布状况中可以看出上方套牢区主要集中在什么部位，在哪一类投资者手中。技术方面考虑的第三个方向是指目前该股的走势，是否已经初步打底完成，还是正处于下跌的途中。在这些方面的因素考虑完成之后，如果认为技术上该股适于炒作，那么还要对公司情况做出调查，了解其背景，看看有没有什么隐藏的利空，或者有没有可供炒作的题材。从基本面的考虑主要是指大势的考虑。股票不是天天可以炒的，而炒过一段之后自然要做出休整，如果在大势的末段进庄选股，那当然不会有好结果。基本面的分析包括国家经济环境与政策，机构投资者的投资动向。一般主力炒作某只股票都应有相应的理由，才能引起散户的跟进，大致下面这些理由是主力机构乐于接受的：有重大利多的股票；股本小，筹码少，易于控制的股票；公司业绩好的股票；可能资产重组的股票；想象空间大的股票。

（2）主力进货的时机通常有：股价在低价区或有投资价值的时候；个股底部构筑完整之时；人心极度悲观、严重超跌时；恐慌性暴跌或长期下跌之后；了解到公司有重大利多消息之时；可能有股权争夺之时。

（3）主力操作的方式。主力泛指市场上一般有势力的力量，并不一定具体指某个机构或个人，因而主力的操作方式在很大程度上要随着市场的变化而改变。对国内股市而言，主力可能是某个机构或集团，但其操作方式也带有了相当大的人性色彩。而这正是股市投机性强、波动巨大的原因。主力在市场上的作用主要是带动人气并引起股价的波动。可以说，正是因为主力的存在才使得市场更为活跃。

成交量的变化是推动股市的主要动力，而筹码的锁定程序决定了股价波动强烈与否。主力如果想要随心所欲翻云覆雨。首先他必须控制得住筹码，

也就是说他必须透过市场吸收筹码，而且必须与上市公司协调，以免上市公司与之作对。当他完全掌握了筹码主动权之后，才能在阻力不大的情况下操纵股价。通常主力机构在制定了操作计划之后，会在市中默默吸货，直到能够控制大局之后，再进行拉升。在吸货期，主力常以散布利空消息或打压的方式来吓出散户筹码，反复震荡吸货，之后才有可能拉出大阳线，令股价迅速远离吸货成本区。在拉升一小段后，主力要进行洗盘操作，使投资者对涨势半信半疑，这时市势震荡加剧，令人不安。主力在洗盘时，常作弱势状以诱出信心不坚定者的筹码，令市场平均成本提高。主力震荡洗盘的方法常常是高出低进，迫使散户抛出，改由另一批看好后市的人接货。或者干脆直接向下打压洗盘，顺便赚一些差价。因此主力在洗盘阶段的目的有两个：一是完成筹码换手，提高平均成本，二是赚取可观的差价。当洗盘接近完成的时候，股价波动会越来越小，短线客无利可图，筹码自然稳定，很有利于发起另一波攻势。

洗盘完成之后就要拉升，逼使空头加补，这就是常说的轧空行情。这一阶段股价上升猛烈，令人不得不去追涨，这往往就是行情的主升段。主力拉升股价的方法包括：散发小道消息，勾结传媒等，利用大成交量突破整理区，使技术派人士跟进，或者与上市公司合作，发布利多消息，号召散户追高。这时筹码锁定程度很高，股价极容易飞涨。在主升段的末期，主力开始分批出货，最后的主升段往往是公司利多消息最后发布出来的时候，也是主力出最后一批货的时候。日 K 线形态往往以缺口向上，十字星或带巨量的高开小阴线表现。主力出货形成各种各样的头部，依照出货量的多少或者股票盘子大小不同而不同，有的是 M 头，有的是头肩顶，有的单日转向。总之，主力出清手中持股之后便撒手不管，股价自然难以维持。

在国内的股票市场上，影响股价涨跌的各种因素中，首位的仍是人的作用，公司业绩与经济环境都排在之后。因为大户主力握有雄厚的资金、内幕消息及媒体的关系。足以决定了个股的价格很大程度上可以被操纵。但股市的大趋势是主力无法完全操纵的，这就是普通投资者有可能赚钱的原因。庄家即使成功的控制个股价格，如果没有大势的配合，一样会作茧自缚。所以对于散户投资者来讲，赚钱的几率同样非常高。

（4）主力轮炒手法。主力作多或作空可以从盘面看出征兆。比如当整个大盘以轮涨的方式出现时，主力作多心态明显，因为轮炒可使市场人气不致于快速消散，且能抑制空头的打压。在人气聚集的情况下，空头打压不但十分费力，而且反而易被轧空。轮炒手法也易于掩护已被炒高的个股顺利出局，因为轮炒可使指数不因个别股票出货而下跌，使指数保持上扬的势头，这样比起全面拉升来，要省事得多。主力采用轮炒的方式做多，不但可以维护人气不散，更可以令资金易于周转灵活运用，指数因轮炒而呈连续上扬形态。整个大盘的成交值也因轮炒而不消退，使得投资者的资金不至于离开股市。各种股票在轮炒中排有不同的次序，从而形成领先大势的股票，跟随大势的股票，落后大势的股票等等。轮炒有一项重要的特性，那就是当可以炒作的股票数越来越少时，即表示接近多头市场的尾声了，至少应该有一次大的调整了。

（5）散户跟随主力。市场主力操作股票一般以下列法则为依据：市场人气状态决定股价的涨跌；供求关系的变化是股价变动的根源；股价的操作必须灵活，不能一味做多或做空；必须有能力控制筹码；操作必须理性，对散户心理的了解必须透彻。市场主力操作股价并不是件轻松的事，而散户的行为比主力灵活得多，这就为散户赚钱创造了条件。散户最佳的选股策略是选择那些主力吸货完成刚刚开始拉升的股票，然后在主力出货之前或刚刚开始出货时卖出。要做到这些，必须注意跟随主力的策略。散户捕捉主力行踪的方法不外乎两种：其一是从成交量上分析，从走势上看出主力意图。散户捕捉主力行踪的另一种方法，是从主力制造的种种市场气氛中看出主力的真实意图，即从市场气氛与庄股实际走势的反差之中发现问题，在主力吸货的时候，常常会有各种利空消息出来。如果您看到股评家们在极力唱空，但这只股票的走势分明显示出庄家吸货的痕迹。在主力出货的时候，往往当天各种股评都会推荐该股，似乎一定要在今天买入才能甘心，但该股当日竟冲高回落，成交量巨大，那么不是主力出货又是什么。总的来说，散户操作股票的几大要点是：判断大势；选好股票；不断换股以应付轮炒。判断大势并不太难，选股才是致胜的重要关键，而应付轮炒则是使自己资本迅速扩张的好方法。但是选对股票不一定能赚大钱，如果投资者只知道何时买入而不知道何时卖出，只能是眼睁睁看着股票大涨，又眼睁睁看着它跌回去，所有利润都如过眼烟云，白忙一场。长抱股票未必是一种高明的操作方法，如果死抱一只毫无希望的股票根本就不可能赚钱。主力的操作也有着阶段性和节奏感，一旦目标达到，主力会毫不犹豫地出货，这是趋势反转的开始。所以，散户跟随主力必须要清楚判断主力出货的时机这才是胜利的最后保证。

30.

佣金和税款的计算

股票交易过程中要收取一些税费。简单的说，交易过程中的税费包括佣金、过户费以及印花税。其中佣金中还包含着经手费和证管费（深交所称监管费）。具体收费标准如表 2 所示。

假设您买入 10000 股，每股的买入价格为 10 元，则买入股票所用金额是：10 × 10000 = 100000（元）；沪市的过户费是：0.001 × 10000 股 = 10

表 2

证交所名称	上海证券交易所		深圳证券交易所	
税费项目	A 股	B 股	A 股	B 股
佣金	不超过成交金额的 0.3%，起点 5 元	不超过成交金额的 0.3%，起点 1 美元	不超过成交金额的 0.3%，起点 5 元	不超过成交金额的 0.3%，起点 5 港元
过户费（B 股为结算费）	成交面额的 0.06%（双向收取）	成交金额的 0.05%（双向收取）	无	无
印花税	成交金额的 0.1%（出让方缴纳）	成交金额的 0.1%（出让方缴纳）	成交金额的 0.1%（出让方缴纳）	成交金额的 0.1%（出让方缴纳）
经手费（包含在佣金中，交易所收取）	成交金额的 0.0087%（双向收取）	成交金额的 0.026%（双向收取）	成交金额的 0.01475%（双向收取）	成交金额的 0.0301%（双向收取）
证管费（包含在佣金中，深交所称监管费，证监会收取）	成交金额的 0.004%（双向收取）	成交金额的 0.004%（双向收取）	成交金额的 0.004%（双向收取）	成交金额的 0.004%（双向收取）

注：表中数据截至 2015 年 4 月底。

（元）；交易佣金最高收取金额是：$100000 \times 3‰ = 300$（元）；买入总成本：$100000 + 300 + 10 = 100310$（元）。

那么您每股卖出多少钱才算保本？可按如下公式计算：买入总成本 ÷（1 − 印花税率 − 交易佣金

率）÷股票数量 = 100310 ÷（1 - 0.001 - 0.003）÷ 10000 = 10.07（元）。

若您按照集合竞价方式以每股 10.08 元的价格出售该种股票成功，则股票出售金额是：10.08 × 10000 = 100800（元）；需缴纳的印花税金额是：100800 × 1‰ = 100.8（元）；沪市的过户费是：0.001 × 10000 = 10（元）；交易佣金是：100800 × 3‰ = 302.4（元）；您卖出该种股票实际可获得的进账收入是：100800 - 100.8 - 10 - 302.4 = 100386.8（元）。

其实股票买卖中最大的一笔开支是佣金开支。选择证券服务商时要特别注意它的佣金收取标准。假如您的资金量是 10 万元，每月交易 4 次，佣金率为 1‰、2‰、3‰三种水平情况下的交易成本节约如表 3 所示。

表 3

证券交易客户	资金量	年交易次数	年交易量	佣金率	年交易成本	年节约成本	节约成本产生的收益率
A	10 万元	48 次	480 万元	1‰	4800 万元	9600 万元	9.6‰
B	10 万元	48 次	480 万元	2‰	9600 万元	4800 万元	4.8‰
C	10 万元	48 次	480 万元	3‰	14400 万元	0	0

假如您的资金量仍保持在 10 万元，每月交易 20 次，佣金率为 1‰、2‰、3‰三种水平情况下的交易成本节约如表 4 所示。

表 4

证券交易客户	资金量	年交易次数	年交易量	佣金率	年交易成本	年节约成本	节约成本产生的收益率
A	10 万元	240 次	2400 万元	1‰	24000 万元	48000 万元	48‰
B	10 万元	240 次	2400 万元	2‰	48000 万元	24000 万元	24‰
C	10 万元	240 次	2400 万元	3‰	72000 万元	0	0

31. 炒股词汇

隐性买卖盘：在买卖成交中，有的价位并未在买卖队列中出现，却在成交一栏里出现了，这就是隐性买卖盘，其中经常蕴含主力的踪迹。一般来说，上有压板，而出现大量隐性主动性买盘，期价不跌，则是大幅上涨的先兆。下有托板，而出现大量隐性主动性卖盘，则往往是主力出货的迹象。

对敲：即主力利用多个账号同时买进或卖出，人为地将期价抬高或压低，以便从中获益。当成交栏中连续出现较大成交量，且买卖队列中没有此价位挂单或成交量远大于买卖队列中的挂单量时，则十有八九是主力刻意对敲所为，此时若股价在顶部多是为了掩护出货，若是在底部则多是为了激活人气。

扫盘：在涨势中常有大单从天而降，将卖盘挂单悉数吞噬。在期价刚刚形成多头排列且涨势初起之际，若发现有大单一下横扫了买卖队列中的多笔卖盘时，则预示主力正大举进场建仓，是投资人跟进的绝好时机。

外盘和内盘：在技术分析系统中经常有“外盘”、“内盘”出现。委托以卖方成交的纳入“外盘”，委托以买方成交的纳入“内盘”。“外盘”和“内盘”相加为成交量。分析时，由于卖方成交的委托纳入外盘，如外盘很大意味着多数卖的价位都有人来接，显示买势强劲；而以买方成交的纳入内盘，如内盘过大，则意味着大多数的买入价都有人愿卖，显示卖方力量较大。如内盘和外盘大体相近，则买卖力量相当。

开盘价：指某种证券在证券交易所每个营业日的第一笔交易，第一笔交易的成交价即为当日开盘价。按上海证券交易所规定，如开市后半小时内某证券无成交，则以前一天的盘价为当日开盘价。有时某证券连续几天无成交，则由证券交易所根据客户对该证券买卖委托的价格走势，提出指导价格，促使其成交后作为开盘价。首日上市买卖的证券经上市前一日柜台转让平均价或平均发售价为开盘价。

收盘价：指某种证券在证券交易所一天交易活

动结束前最后一笔交易的成交价格。如当日没有成交，则采用一次的成交价格作为收盘价，因为收盘价是当日行情的标准，又是下一个交易日开盘价的依据，可据以预测未来证券市场行情；所以投资者对行情分析时，一般采用收盘价作为计算依据。

报价：是证券市场上交易者在某一时间内对某种证券报出的最高进价或最低出价，报价代表了买卖双方所愿意出的最高价格，进价为买者愿买进某种证券所出的价格，出价为卖者愿卖出的价格。报价的次序习惯上是报进价格在先，报出价格在后。在证券交易中，报价要输入电子交易系统并通过显示屏显示出来。

多头市场：多头是指投资者对股市看好，预计股价将会看涨，于是趁低价时买进股票，待股票上涨至某一价位时再卖出，以获取差额收益。人们通常把股价长期保持上涨势头的股票市场称为多头市场。多头市场股价变化的主要特征是一连串的大涨小跌。

空头市场：空头是投资者和股票商认为现时股价虽然较高，但对股市前景看坏，预计股价将会下跌，于是把持有的股票及时卖出，待股价跌至某一价位时再买进，以获取差额收益。采用这种先卖出后买进、从中赚取差价的交易方式称为空头。人们通常把股价长期呈下跌趋势的股票市场称为空头市场，空头市场股价变化的特征是一连串的大跌小涨。

洗盘：投机者先把股价大幅度杀低，使大批小额股票投资者产生恐慌而抛售股票，然后再把股价抬高，以便乘机渔利。

回档：在股市上，股价呈不断上涨趋势，终因股价上涨速度过快而反转回跌到某一价位，这一调整现象称为回档。一般来说，股票的回档幅度要比上涨幅度小，通常是反转回跌到前一次上涨幅度的三分之一左右时又恢复原来上涨趋势。

反弹：在股市上，股价呈不断下跌趋势，终因股价下跌速度过快而反转回升到某一价位的调整现象称为反弹。一般来说，股票的反弹幅度要比下跌幅度小，通常是反弹到前一次下跌幅度的三分之一左右时，又恢复原来的下跌趋势。

买空：投资者预测股价将会上涨，但自有资金有限不能购进大量股票于是先缴纳部分保证金，并通过经纪人向银行融资以买进股票，待股价上涨到某一价位时再卖，以获取差额收益。

卖空：是投资者预测股票价格将会下跌，于是向经纪人交付抵押金，并借入股票抢先卖出。待股价下跌到某一价位时再买进股票，然后归还借入股票，并从中获取差额收益。

多杀多：即多头杀多头。股市上的投资者普遍认为当天股价将会上涨是大家抢多头“帽子”买进股票，然而股市行情事与愿违，股价并没有大幅度上涨，无法高价卖出股票，等到股市结束前，持股票者竞相卖出，造成股市收盘价大幅度下跌的局面。

轧空：即空头倾轧空头。股市上的股票持有者一致认为当天股票将会大幅下跌，于是多数投资者抢卖空头“帽子”卖出股票，然而当天股价并没有大幅度下跌，无法低价买进股票。股市结束前，做空头的只好竞相补进，从而出现收盘价大幅度上升的局面。

跳空：指受强烈利多或利空消息刺激，股价开始大幅度跳动。跳空通常在股价大变动的开始或结束前出现。

补空：是空头买回以前卖出的股票的行为。

套牢：是指进行股票交易时所遭遇的交易风险。例如投资者预计股价将上涨，但在买进后股价却一直呈下跌趋势，这种现象称为多头套牢。相反，投资者预计股价将下跌，将所借股票放空卖出，但股价却一直上涨，这种现象称为空头套牢。

关卡：股市受利多信息的影响，股价上涨至某

一价格时，做多头的认为有利可图，便大量卖出，使股价至此停止上升，甚至出现回跌。股市上一般将这种遇到阻力时的价位称为关卡，股价上升时的关卡称为阻力；而股市受利空信息的影响，股价跌至某一价位时，做空头的认为有利可图，大量买进股票，使股价不再下跌，甚至出现回升趋势。股价下跌时的关卡称为支撑线。

32. 沪港通给谁带来了机遇

2014年4月10日，中国证券监督管理委员会、香港证券及期货事务监察委员会发布《联合公告》，决定原则批准上海证券交易所、香港联合交易所有限公司（以下简称香港联合交易所）、中国证券登记结算有限责任公司（以下简称中国结算）、香港中央结算有限公司（以下简称香港结算）开展沪港股票市场交易互联互通机制试点。沪港通下的股票交易将于2014年11月17日开始。

沪港通是指上海证券交易所和香港联合交易所允许两地投资者通过当地证券公司（或经纪商）买卖规定范围内的对方交易所上市的股票，是沪港股票市场交易互联互通机制。上海证券交易所和香港联合交易所将允许两地投资者通过当地证券公司（或经纪商）买卖规定范围内的对方交易所上市的股

票。沪港通包括沪股通和港股通两部分。其中，沪股通是指投资者委托香港经纪商，经由香港联合交易所设立的证券交易服务公司，向上海证券交易所进行申报（买卖盘传递），买卖规定范围内的上海证券交易所上市的股票；港股通是指投资者委托内地证券公司，经由上海证券交易所设立的证券交易服务公司，向香港联合交易所进行申报（买卖盘传递），买卖规定范围内的香港联合交易所上市的股票。

沪港通采取直连的跨境结算方式。沪股通的股票范围是上证 180 指数、上证 380 指数的成分股、A + H 股公司股票；港股通的股票范围是恒生综合大型股指数、恒生综合中型股指数的成份股、A + H 股公司股票。实施总额度和每日额度，港股通的境内投资者仅限于机构投资者及证券账户及资金账户余额合计不低于人民币 50 万元的个人投资者。

国务院总理李克强在 2014 年 4 月 10 日的博鳌

论坛上发表主旨演讲时指出，将着重推动新一轮高水平对外开放，其中扩大服务业包括资本市场对外开放是重要方面。并称此后将积极创造条件，建立上海与香港股票市场交易互联互通机制，进一步促进中国内地与香港资本市场双向开放和健康发展。同时将在与国际市场更深度的融合中，不断提升对外开放的层次和水平。

沪港通是中国资本市场对外开放的重要内容，有利于加强两地资本市场联系，推动资本市场双向开放。有利于通过一项全新的合作机制增强我国资本市场的综合实力。沪港通可以深化交流合作，扩大两地投资者的投资渠道，提升市场竞争力。有利于巩固上海和香港两个金融中心的位置。沪港通有助于提高上海及香港两地市场对国际投资者的吸引力，有利于改善上海市场的投资者结构，进一步推进上海国际金融中心建设；同时有利于香港发展成为内地投资者重要的境外投资市场，巩固和提升香港的国际金融中心地位。有利于推动人民币国际化，支持香港发展成为离岸人民币业务中心。沪港通既可方便内地投资者直接使用人民币投资香港市场，也可增加境外人民币资金的投资渠道，便利人民币在两地的有序流动。

在交易方面，沪港通只能在二级市场进行交

易，在现行机制下，额度利用按先到先得原则，此外，只有买盘才受额度监控，投资者在任何时候，不论额度水准，都可输入卖盘。在两地假期交易安排上，如果款项交收日香港市场不开市，沪股通在此前一个交易日也将不开放交易。

“沪港通”存在着诸多方面的优势：面向全体投资者机会均等、沪港通交易费用的低廉、无锁定期灵活度高，“沪港通”受众广、成本低的特征将促使其额度利用率或高于市场预期。“沪股通”股票投资范围是上海证券交易所上证 180 指数、上证 380 指数的成分股，以及在香港联合交易所、上海证券交易所上市的 A + H 股公司股票。“港股通”股票投资范围是香港联合交易所恒生综合大型股指数、恒生综合中型股指数的成分股以及在香港联合交易所、上海证券交易所上市的 A + H 股公司股票。但沪港通所涉及的股票主要以大盘蓝筹股为主。业内人士认为，目前 A 股蓝筹股正处于估值洼地，安全边际较高。“沪港通”短期有利于大盘蓝筹股的估值修复；此外，一些同时在两地上市的公司中有不少处于明显的折价或溢价状态，“沪港通”的推出将加速 A + H 股折溢价收窄，令部分个股投资机会凸显。

从长期来看，香港市场偏重机构投资者，且海外投资者占比较高，持股周期长、换手率低，A 股市场中以银行地产为代表的低估值、高股息率的标的符合此类投资者的偏好，未来将大概率受益于“沪港通”。港股投资者可以购买上证 180、上证 380 的成分股，以及同时在上交所和港交所上市的 A + H 股。其中，A 股市场上海外较为稀缺的板块可能颇受香港投资者的关注，比如医药股、军工股、农业股。目前大陆投资者想买港股的话，范围限制在港交所恒生综合大型股指数（78 家公司）、恒生综合中型股指数的成分股（163 家公司）和同时在上交所和港交所上市的 A + H 股。港股市场上，博彩股是最具地方特色的一个板块，也是该市场所独有的品种，银河娱乐、澳博控股、永利澳门、金沙中国有限公司、澳门励骏、美高梅中国、新濠国际发展会得到许多大陆投资者的关注。而 A + H 股中股价存在价差的个股也可以关注。目前来看，不少公司的 A 股股价较 H 股存有折价。其中，海螺水泥、中国平安、中国铁建、宁沪高速、中国太保、中国人寿、中国神华、中信证券、中国中铁等公司的折价率超过 15%。此外，多数银行如工行、农行、中行、建行、招行、交行也有小幅折价。而洛阳玻璃、南京熊猫、重庆钢铁、昆明机床等十余只股票 A 股股价较 H 股股价存在显著溢价。

33. 学一点理论

股票投资的技术分析是指以市场行为为研究对象，以判断市场趋势并跟随趋势的周期性变化来进行股票及一切金融衍生物交易决策的方法的总和。技术分析常用理论主要有：

（1）道氏理论。道氏理论断言，股票会随市场的趋势同向变化以反映市场趋势和状况。股票的变化表现为三种趋势：主要趋势、中期趋势及短期趋势。主要趋势持续一年或以上，大部分股票将随大市上升或下跌，幅度一般超过 20%。中期趋势与基本趋势完全相反的方向，持续期超过三个星期，幅度为基本趋势的三分之一至三分之二。短期趋势只反映股票价格的短期变化，持续时间不超过六天。

（2）波浪理论。艾略特波浪理论是股票技术分析的一种理论。认为市场走势不断重复一种模式，每一周期由五个上升浪和三个下跌浪组成。艾略特波浪图的格式如下图所示。

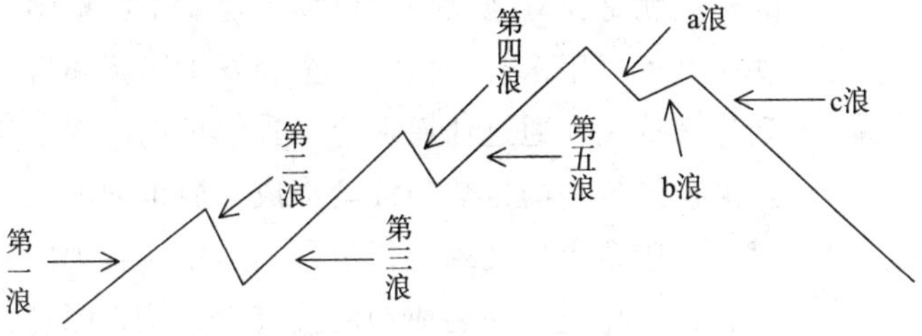

艾略特波浪图

第一浪：主波浪开始，因为由空转多，多头力量较弱，是 5 浪中最短的。第二浪：因为多方力量较弱，市场又被空方打压下跌，但跌不过第一浪的低点。第三浪：主波浪最为强劲的一浪，升幅大、持续时间长、量能逐渐放大，买入信号。第四浪：强势中的回调，回调的幅度不能低于第一浪的高点。第五浪：升幅小于第三浪、强势弱于第三浪，股价已接近于顶点了。其中，a浪：多方力量已耗殆尽，由多转空，多头力量较弱，预示着牛市已告结束。b浪：多方剩余力量在抵抗，市场出现较短的上升行情，但是昙花一现。c浪：多方最终抵挡不住空方的打压，一段破坏性的下跌浪开始，跌幅较大，其低点可达4浪的低点，趋势开始走坏。

（3）江恩理论。江恩理论认为股票、期货市场里也存在着宇宙中的自然规则，市场的价格运行趋势不是杂乱的，而是可通过数学方法预测的。它的实质就是在看似无序的市场中建立了严格的交易秩序，可以用来发现何时价格会发生回调和将回调到什么价位。通过江恩理论，我们可以比较准确的预测市场价格的走势与波动，成为股市的赢家。

在股票市场技术分析中，图形是最直观的分析工具，要想成为一名成功的投资者，认识图形并根据图形作出投资决策是非常重要的。

（1）线型图。在分析股价的各种图形中，线型图是一种最简单明了而用途广泛的股价走势图。线型图横轴表示交易的时间，纵轴分为上下两部分，上半部分表示股票的成交价格，下半部分表示股票的成交量。线型图的格式如下图所示。

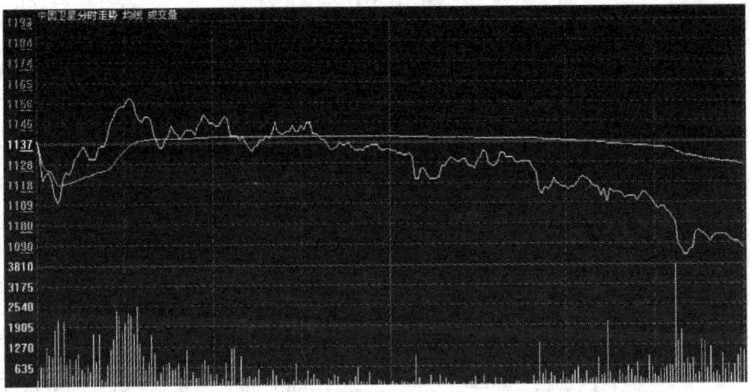

线型图格式

由上图可见到的信息有，9:30 时，价位 11.38 元，均价 11.35 元，成交量 902 手；13:30 时价位 11.30 元，均价 11.39 元，成交量 63 手。

（2）K 线图。在投资者的技术分析手段中，经常使用的另一种图标称作 K 线图。其格式如下图所示。

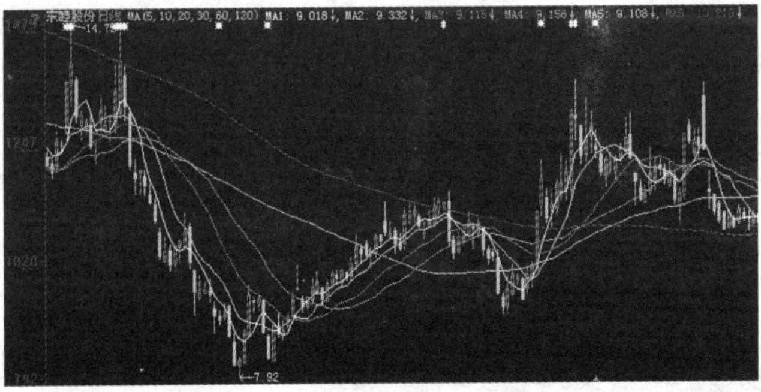

K 线图格式

通过K线图可以看到任意一个交易日的四个股票价格，即开盘价、最高价、最低价和收盘价。如2012年6月20日，股票的开盘价是10.77元，最高价10.78元，最低价10.36元和收盘价10.41元。

技术分析的常用指标主要有移动平均线分析、MACD分析和K线分析。其中，移动平均线（MA）是以道·琼斯的“平均成本概念”为理论基础，采用统计学中移动平均的原理，将一段时期内的股票价格平均值连成曲线，用来显示股价的历史波动情况，进而反映股价指数未来发展趋势的技术分析方法。它是道氏理论的形象化表述。道氏理论中的黄金交叉以5日移动平均线和10日移动平均线为例，将每日的5日移动平均线相连，得出一条运行曲线。将10日移动平均线相连，得出另一条运行曲线。在底位5日移动平均线上穿10日移动平均线产生的交叉点，叫黄金交叉，这通常就是较好的买入点，即进货点。道氏理论中的死亡交叉以5日移动平均线和10日移动平均线为例，5日移动平均线在高位从上向下穿10日移动平均线，所得到的交叉点叫死亡交叉。死亡交叉出现时，通常是个较好的出货点。意味着明确的离场信号。

MACD又称作指数平滑异同移动平均线。其称谓是从双移动平均线发展而来的，由快的移动平均线减去慢的移动平均线。当 MACD 从负数转向正数，是买的信号。当 MACD 从正数转向负数，是卖的信号。当 MACD 以大角度变化，表示快的移动平均线和慢的移动平均线的差距非常迅速的拉开，代表了一个市场大趋势的转变。MACD 是 Geral Appel 于 1979 年提出的，它是一项利用短期（常用为 12 日）移动平均线与长期（常用为 26 日）移动平均线之间的聚合与分离状况，对买进、卖出时机作出研判的技术指标。

K 线分析起源于日本，K 线又称日本线。据说是 200 年前日本古代米市场计算米价每日涨跌所使用的分析方法，后来才应用股票市场上。经过上百年的运用和变更，目前已形成了一套完善的 K 线分析理论。技术分析中的重要流派—K 线派就是专门以研究 K 线的形状和组合为基础而形成的。股票市场上，买方和卖方永远是站在对立的两边，K 线就是将买卖双方实战结果即买方与卖方力量的增减和转化过程，用图形表示出来。一条 K 线记录的是某一种股票一天价格变动的情况。如果把每天的 K 线按时间顺序排列在一起，就构成了这个股票上市以来每天价格变动的 K 线图，看起来一目了然。

根据 K 线的计算周期可将其分为日 K 线、周

K 线、月 K 线和年 K 线。周 K 线是指以周一的开盘价，周五的收盘价，全周最高价和全周最低价来画的 K 线图。月 K 线则以一个月的第一个交易日的开盘价，最后一个交易日的收盘价和全月最高价与全月最低价来画的 K 线图，同理可以推得年 K 线定义。周 K 线，月 K 线常用于研判中期行情。对于短线操作者来说，众多分析软件提供的 5 分钟 K 线、15 分钟 K 线、30 分钟 K 线和 60 分钟 K 线也具有重要的参考价值。

根据开盘价与收盘价的波动范围，可将 K 线分为极阴、极阳，小阴、小阳，中阴中阳和大阴、大阳等线型。极阴线和极阳线的波动范围在 0.5% 左右；小阴线和小阳线的波动范围一般在 0.6% ~ 1.5%；中阴线和中阳线的波动范围一般在 1.6% ~3.5%；大阴线和大阳线的波动范围在 3.6% 以上。

大阳线表示最高价与收盘价相同，最低价与开盘价一样。上下没有影线。从一开盘，买方就积极进攻，中间也可能出现买方与卖方的斗争，但买方发挥最大力量，一直到收盘。买方始终占优势，使价格一路上扬，直至收盘。表示强烈的涨势，股市呈现高潮，买方疯狂涌进，不限价买进。握有股票者，因看到买气的旺盛，不愿抛售，出现供不应求的状况。

大阴线表示最高价与开盘价相同，最低价与收盘价一样。上下没有影线。从一开始，卖方就占优势。股市处于低潮。握有股票者不限价疯狂抛出，造成恐慌心理。市场呈一面倒，直到收盘、价格始终下跌，表示强烈的跌势。

先跌后涨型这是一种带下影线的红实体。最高价与收盘价相同，开盘后，卖气较足，价格下跌。但在低价位上得到买方的支撑，卖方受挫，价格向上推过开盘价，一路上扬，直至收盘，收在最高价上。总体来讲，出现先跌后涨型，买方力量较大，但实体部分与下影线长短不同，买方与卖方力量对比不同。实体部分比下影线长。价位下跌不多，即受到买方支撑，价格上推。破了开盘价之后，还大幅度推进，买方实力很大。实体部分与下影线相等，买卖双方交战激烈，但大体上，买方占主导地位，对买方有利。实体部分比下影线短。买卖双方在低价位上发生激战。遇买方支撑逐步将价位上推。但从图中可发现，上面实体部分较小，说明买方所占据的优势不太大，如卖方次日全力反攻，则买方的实体很容易被攻占。

下跌抵抗型这是一种带下影线的黑实体，开盘价是最高价。一开盘卖方力量就特别大，价位一种

下跌，但在低价位上遇到买方的支撑。后市可能会反弹。实体部分比影线长卖压比较大，一开盘，大幅度下压，在低点遇到买方抵抗，买方与卖方发生激战，影线部分较短，说明买方把价位上推不多，从总体上看，卖方占了比较大的优势。实体部分与影线同长表示卖方把价位下压后，买方的抵抗也在增加，但可以看出，卖方仍占优势。实体部分比影线短表示卖方把价位一路压低，在低价位上，遇到买方顽强抵抗并组织反击，逐渐把价位上推，最后虽以黑棒收盘，但可以看出卖方只占极少的优势。后市很可能买方会全力反攻，把小黑实体全部吃掉。

上升阻力这是一种带上影线的红实体。开盘价即最低价。一开盘买方强盛，价位一路上推，但在高价位遇卖方压力，使股价上升受阻。卖方与买方交战结果为买方略胜一筹。具体情况仍应观察实体与影线的长短。红实体比影线长，表示买方在高价位是遇到阻力，部分多头获利回吐。但买方仍是市场的主导力量，后市继续看涨。实体与影线同长，买方把价位上推，但卖方压力也在增加。二者交战结果，卖方把价位压回一半，买方虽占优势。但显然不如其优势大。实体比影线短。在高价位遇卖方的压力、卖方全面反击，买方受到严重考验。大多短线投资者纷纷获利回吐，在当日交战结束后，卖方已收回大部分失地。买方一块小小的堡垒（实体部分）将很快被消灭，这种K线如出现在高价区，则后市看跌。

先涨后跌型这是一种带上影线的黑实体。收盘价即是最低价。一开盘，买方与卖方进行交战。买方占上风，价格一路上升。但在高价位遇卖压阻力，卖方组织力量反攻，买方节节败退，最后在最低价收盘，卖方占优势，并充分发挥力量，使买方陷入“套牢”的困境。黑实体比影线长表示买方把价位上推不多，立即遇到卖方强有力的反击，把价位压破开盘价后乘胜追击，再把价位下推很大的一段。卖方力量特别强大，局势对卖方有利。黑实体与影线相等买方把价位上推；但卖方力量更强，占据主动地位。卖方具有优势。黑实体比影线短表示卖方虽将价格下压，但优势较少，明日入市，买方力量可能再次反攻，黑实体很可能被攻占。

反转试探型这是一种上下都带影线的红实体。开盘后价位下跌，遇买方支撑，双方争斗之后，买方增强，价格一路上推，临收盘前，部分买者获利回吐，在最高价之下收盘。这是一种反转信号。如在大涨之后出现，表示高位震荡，如成交量大增，后市可能会下跌。如在大跌后出现，后市可能会反弹。上影线长于下影线之红实体，分为：影线部分长于红实体表示买方力量受挫折；红实体长于影线部分表示买方虽受挫折，但仍占优势。下影线长于上影线之红实体亦可分为：红实体长于影线部分表示买方虽受挫折，仍居于主动地位；影线部分长于红实体表示买方尚需接受考验。

弹升试探型这是一种上下都带影线的黑实体，在交易过程中，股价在开盘后，有时会力争上游，随着卖方力量的增加，买方不愿追逐高价，卖方渐居主动，股价逆转，在开盘价下交易，股价下跌。在低价位遇买方支撑，买气转强，不至于以最低价收盘。有时股价在上半场以低于开盘价成交，下半场买意增强，股价回至高于开盘价成交，临收盘前卖方又占优势，而以低于开盘价之价格收盘。这也是一种反转试探。如在大跌之后出现，表示低位承接，行情可能反弹。如大涨之后出现，后市可能下跌。

十字线型这是一种只有上下影线，没有实体的图形。开盘价即是收盘价，表示在交易中，股价出现高于或低于开盘价成交，但收盘价与开盘价相等。买方与卖方几乎势均力敌，其中：上影线越长，表示卖压越重。下影线越长，表示买方旺盛。上下影线看似等长的十字线，可称为转机线，在高价位或低价位，意味着出现反转。

股票投资常用K线图形解析股票交易现象，并帮助投资者决定是否到了买入和卖出的时机。但有些投资者并不看好K线技术，他们更相信自己的直觉。

(1) 舍子线。舍子线是指股票在下跌行情中，调控出现十字线，这暗示着筑底已经完成，是反弹之应兆。投资者可从舍子线的图形上来判断股票的买卖时机。其卖出信号可从下面图形看出：股价连续拉出几根阳线后，跳空上涨形成一条十字线，又跳空拉出一根阴线，表明买方力量已不能使股价继续上涨，股票行情即将暴跌，投资者应卖出股票。

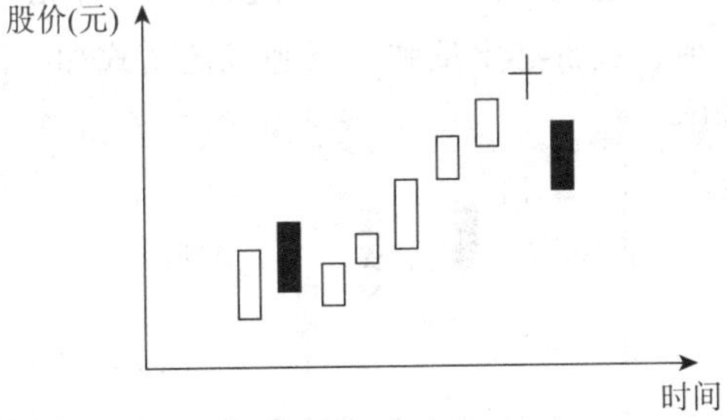

舍子线图示 1

其买入信号可从下面图形看出：股市在下跌的行情中，跳空出现十字线，又跳空拉出一根大阳线，显示买方力量将使股价向上反弹，投资者应抓紧时机，买进股票。

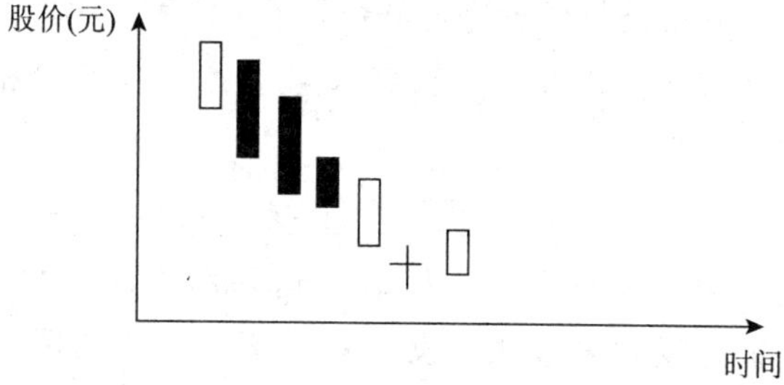

舍子线图示 2

（2）反弹线。反弹线是指在低价圈内，行情出现长长的下影时，往往即为买进时机，出现买进信号之后，投资人即可买进，或为了安全起见，可待行情反弹回升之后买进，此时若无重大利空出现，股价必定反弹。反弹线的格式如下图所示。

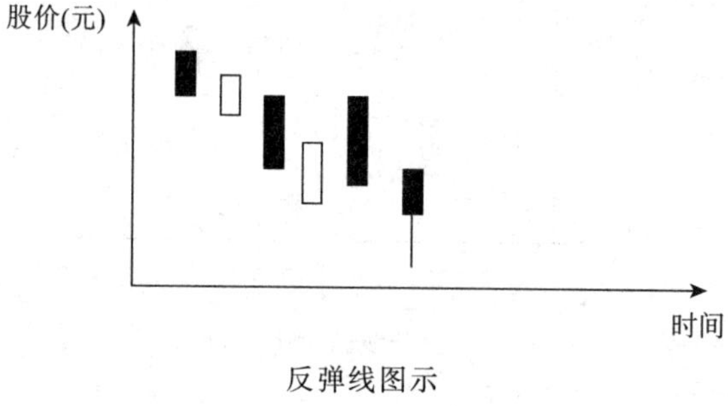

反弹线图示

(3) 三根大阳线。三根大阳线的出现往往预示着股票的价格即将下跌，投资者从下面图式可以看出股价连续拉出三根大阳线后，买方力量逐渐衰竭，在第四天拉出一根带有上影线的阴线，表明股票价格将持续下跌，投资者应尽快卖出该股票。

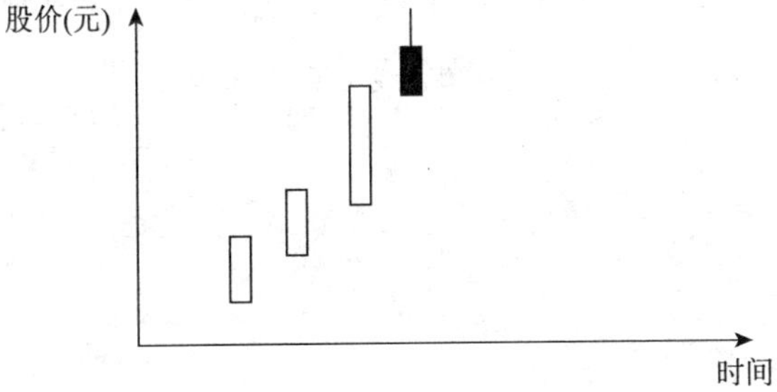

三根大阳线图示

(4) 覆盖线。覆盖线也是一种股票的卖出信号。从下图可以看出：股价连续数天上涨之后，出现跳空开盘的阴线，表明超买之后，卖方力量胜过买方力量，股价将下跌，投资者应卖出股票。

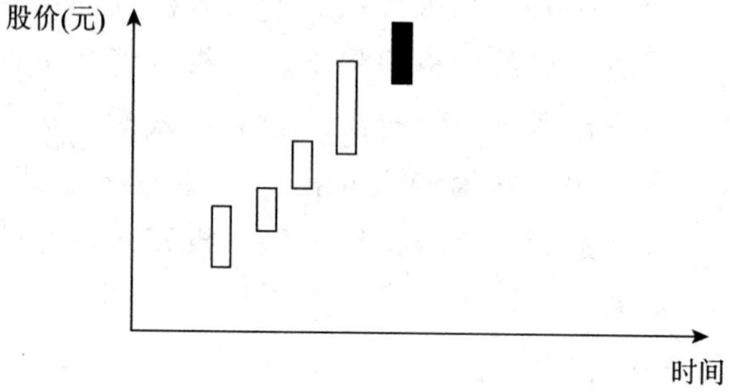

覆盖线图示

34. 分析股票走势

投资者分析股票的走势极其重要。就目前国内股票交易市场来看，沪深股市一直处于消息面的影响下，每个阶段不论涨跌都明显地受到政策因素的影响，有关政策的动向都会成为大盘涨跌的最直接动力，每个阶段的政策导向都是大主力行动的风向标，消息面的影响在大盘处于敏感期更为有效。另外，可能会有关于个股的消息，这只被影响的股票如果出现连续的涨跌板走势，特别是成分指数股，也会对大盘的短线走势起到方向性的引领。

在股市中，投资者往往会遇到自己所持的个股出现连续急跌的走势，这时如果操作失误，可能会在离场出局后，发现自己的股票卖了个地板价；而在决定持有等待时确在后市遭到更大的跌幅。像农产品（股票代码为000061）在2012年5月9日就

出现了这种形态如下图所示，股价直接从 12.67 元降到 6.98 元，伴随着巨大的成交量，庄家已经将手中的股票抛出。

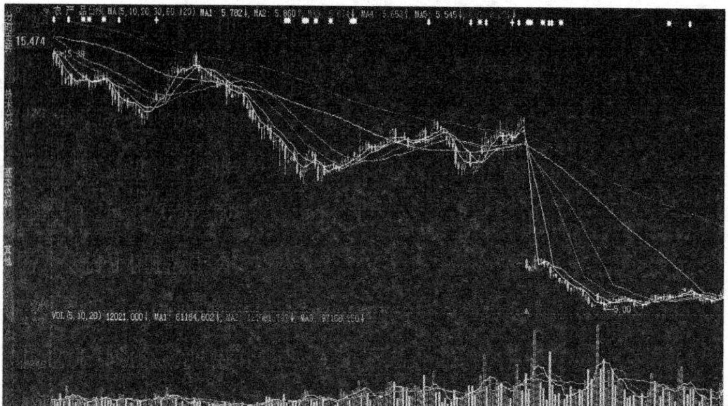

农产品日 K 线图示

再像股票 ST 科龙（股票代码 000921），在经过一段快速推高后吸货，为迷惑投资者，后期又出现了打压股价的过程，然后出现了快速的上涨。其趋势如下图所示。

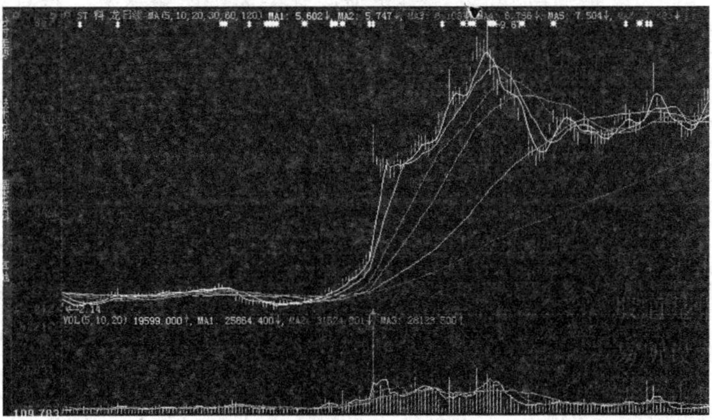

ST 科龙日 K 线图示

从 K 线图所反映出来的图形来看，该只股票市场走势正常，没有出现快速回调的迹象。但后来证明投资者手中持有的该只股票还是出现快速下跌的情况。其实，这恰恰是个股出现了问题，即持有个股出现了重大利空。这时就要深入分析个股基本面情况，看是否是长期的发展出现了问题。如果确实是在基本面上有问题，则必须离场；否则可以继续持有该股，等待新一轮的上涨机会。

由于整个市场回调导致个股股价下跌。这也同样需要分析持有个股的性质，如果属于基本面良好的股票，出现急跌就应该是逢低继续买入，逢高快速卖出的时候。所以每次的急跌或急涨都是研判的最佳时机。而对于那些基本面一般或较差，只是靠题材炒作起来的个股，则必须坚决卖出，只不过可以根据具体情况的不同，选择不同的卖出时机，即对于题材丰富同时有资金参与的品种，可以等待反弹后卖出，反之，则必须及早离场。

投资者通常都会注意到市场中的龙头股票。龙头股指的是某一时期在股票市场的炒作中对同行业板块的其他股票具有影响和号召力的股票，它的涨跌往往对其他同行业板块股票的涨跌起引导和示范作用。龙头股并不是一成不变的，它的地位往往只能维持一段时间。下图所显示出来的形势表明宝钢就是钢铁类板块的龙头股。

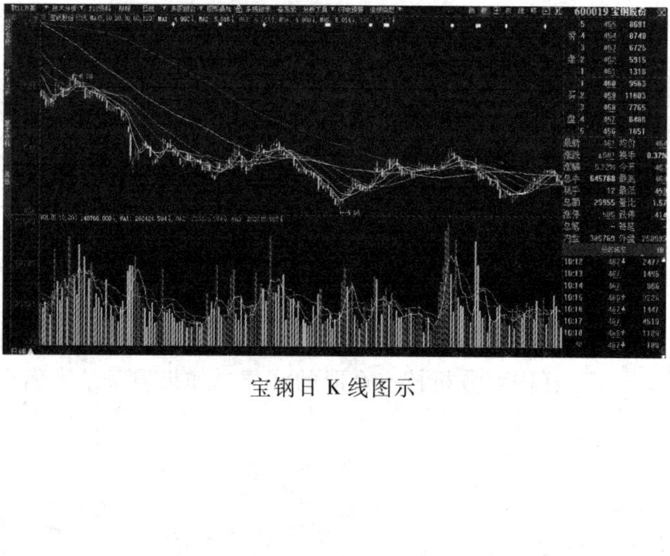

宝钢日 K 线图示

投资者要注意当某一板块中的大部分个股有资金增仓现象时，要根据个股的品质特别留意有可能成为领头羊的品种，一旦某只个股率先放量启动时，确认向上有效突破后，不要去买其他跟风股，而是追涨这只领头羊。这种方法看上去是追涨已经高涨且风险很大的个股，实际上由于龙头股具有先板块启动而起，后板块回落而落的特性，所以它的安全系数和可操作性均远高于跟风股，至于收益更是跟风股望尘莫及。

如果投资者错过了龙头股启动时的买入机会，或者投资者的研判能力弱，没能及时识别龙头股，则可以在其拉升阶段的第一个涨停板处追涨，通常龙头股的第一个涨停板比较安全，后市最起码有一个上冲过程，可以使投资者从容地全身而退。具体的追涨方法有两种：在龙头股即将封涨停时追涨。像中国联通在 2012 年 1 月 14 日上午开盘 45 分钟后封上涨停板，投资者可以有充足的时间，在它即将封涨停板时追涨买入。在龙头股封涨停后打开涨停时追涨。像中信证券在 2003 年 1 月 9 日开盘后不到 10 分钟即涨停，使众多投资者根本来不及介入。但这种快速封涨停的个股，往往一时立足未稳。中信证券在封涨停板后不久，盘中曾经出现 5 分钟打开涨停的时间，给投资者带来乘机买入的时机。

即使最强劲的龙头股行情，中途也会有强势整理的阶段。这时，是投资者参与龙头股操作的最后阶段，投资者需要把握其休整的机遇，积极参与。但是，这种操作方式也存在一定风险。当市场整体趋势走弱，龙头股也可能会从强势整理演化为真的见顶回落。

需要注意的是，当一种估值方法或者分析手段流行时，跟风的人会立马多了起来，而实际上，所有的估值方法都有它们的局限性和误导性，只有适当地运用以及配合其他分析方法，它们才能成为良好的投资工具。而过分注重技术分析，从不考虑国家的宏观因素和微观因素，买一只股票时没能很好对其公司情况进行分析，盲目根据技术图进行决策，同样会出现判断错误。